趙顕龍教授の
韓国語で世の中を読む

趙顕龍 著

国書刊行会

はじめに

　本書は、韓国語を勉強する上で最も重要な「読解」の教材です。韓国語の会話、聴解、作文に関する教材は多く出版されていますが、中級以上の学生のレベルに合う読解教材があまり見当たらないことから、本書を執筆しました。本書に収録した文章は、語彙、文法のレベルはもちろん、学生の知的水準に合う内容になっており、さらに読解は多くの知識と知恵を与える源泉であるという考えから、「韓国文化と世の中」を基本のテーマとしています。

　本書では「読み、理解し、書いてみる」という方法を基本としました。過度に難解な語彙は用いず、文や文章の長さも短くしました。さらに韓国語の表現について多く提示・説明し、語源も解釈し、韓国語への理解の一助となるようにしました。

　本書の書名『韓国語で世の中を読む』の通り、韓国語と世の中を思いながら執筆したものです。本書を通し韓国語、韓国文化、韓国の人に対しての理解が深まることを願います。本書の最終章を読み終えながら、読者の皆さまの顔に笑みが浮かびますように。

2016年6月

著者　趙顕龍（チョ・ヒョニョン）

目次

はじめに	3
本書の使い方	6

1. 미소(微笑)：微笑、笑み　　　　　　　　　8
2. 얼굴：顔　　　　　　　　　　　　　　　10
3. 소리：声、音　　　　　　　　　　　　　12
4. 실수(失手)：ミス　　　　　　　　　　　14
5. 손가락질：指さす　　　　　　　　　　　16
6. 바보：バカ　　　　　　　　　　　　　　18
7. 보답(報答)：恩に報いる　　　　　　　　20
8. 외로움：寂しさ、孤独　　　　　　　　　22
9. 눈물：涙　　　　　　　　　　　　　　　24
10. 사랑：愛　　　　　　　　　　　　　　26
11. 행복(幸福)：幸せ　　　　　　　　　　28
12. 행운(幸運)：幸運　　　　　　　　　　30
13. 약속(約束)：約束　　　　　　　　　　32
14. 척：ふり　　　　　　　　　　　　　　34
15. 질투(嫉妬)：嫉妬　　　　　　　　　　36
16. 고함(高喊)：大声、叫び　　　　　　　38
17. 소일(消日)：暇つぶし　　　　　　　　40
18. 장수(長壽)：長寿　　　　　　　　　　42
19. 달：月　　　　　　　　　　　　　　　44
20. 잡초(雜草)：雑草　　　　　　　　　　46
21. 아름답다：美しい　　　　　　　　　　48
22. 예쁘다：きれいだ、可愛い　　　　　　50
23. 원(願)하다：願う　　　　　　　　　　52
24. 어울리다：似合う、交わる　　　　　　54
25. 점잖다：温厚だ　　　　　　　　　　　56
26. 새롭다：新しい　　　　　　　　　　　58
27. 늙다：老いる　　　　　　　　　　　　60
28. 나이를 먹다：年を取る　　　　　　　　62

29. 미루다 : 延ばす		64
30. 우리 : 私たち		66
31. 형제(兄弟) : 兄弟		68
32. 부모(父母) : 両親		70
33. 자식(子息) : 子、息子		72
34. 유산(遺産) : 遺産		74
35. 식구(食口) : 家族		76
36. 불초(不肖) : 不肖		78
37. 효(孝) : 親孝行		80
38. 이웃사촌(一四寸) : 隣人		82
39. 덕분(德分) : おかげ		84
40. 내일(來日) : 明日		86
41. 무지개 : 虹		88
42. 시각(視角) : 視角		90
43. 재미 : 面白み、面白さ		92
44. 버릇 : 癖		94
45. 짜증 : 癇癪(かんしゃく)		96
46. 마중 : 出迎え		98
47. 배웅 : 見送り		100
48. 객관적(客觀的) : 客観的		102
49. 잘 : よく		104
50. 뵙다 : お目にかかる		106
51. 말이 많다 : 口数が多い、口うるさい		108
52. 돌보다 : 面倒を見る		110
53. 귀(貴)찮다 : 面倒くさい		112
54. 재수(財數) 없다 : ついてない、運が悪い		114
55. 식상(食傷)하다 : 飽きる		116
56. 한심(寒心)하다 : 情けない		118
57. 시원하다 : 涼しい(すっきりする)		120
58. 아내 : 妻		122
59. 온돌(溫突) : オンドル		126
60. 입찬소리 : 差し出がましい言葉		130
61. 눈에 밟히다 : 目に焼きつく		132
62. 마음을 놓다 : 安心する		136
63. 국물도 없다 : 汁もない(何もない)		140
64. 스트레스(stress) : ストレス		144
65. 소중(所重)하다 : 大切だ		148

本書の使い方

1. 本文の内容を単に読むだけではなく、理解し、覚えてみましょう。

2. 各本文の韓国語を空きページにそのまま書き写したり、もしくは日本語に翻訳してみてください。

3. わからない語彙と表現は本に載っている日本語訳と解説を参考にしてください。比較的難しい語彙の場合は解説を付けています。

4. 本文の全体的な内容を把握するために単語訳などを参考にしつつ、自分の力で翻訳してみましょう。

5. 文章を音読してみましょう。声に出して読めば、記憶するのにとても役立ち、語彙学習にもよい効果をもたらします。

6. 文の中心となる部分を探し、メモをする練習をするのもいいでしょう。また中心となる部分の他にも覚えておきたい文を書き取るのもいいでしょう。

7. 日本語、日本文化と比較しながらメモしておくこともいいでしょう。韓国語と韓国文化の勉強の秘訣は、日本語、そして日本文化と比較することにあります。

趙顕龍教授の
韓国語で世の中を読む

1.
미소(微笑) : 微笑、笑み
속일 수 없는 기분의 반응　ごまかせない気持ちの反応

　사람을 만나서 인사할 때, 우리는 반가운 미소를 짓게 됩니다. 좋은 사람을 만났을 때는 지나간 후에도 한참 동안 미소가 남습니다. 그러나 별로 반갑지 않은 사람을 만나 형식적인 인사를 나누게 될 때는 그 미소가 일 초도 지나지 않아서 사라져 버린다고 합니다. 이렇게 우리의 신체는 거짓말을 못하는 경우가 많습니다.
　어떤 일을 생각하면 이유 없이 웃음이 나기도 하고, 어떤 일은 생각만 해도 짜증이 납니다. 그러면 나도 모르는 사이에 ①벌레 씹은 표정을 짓게 됩니다. 그만큼 우리의 몸은 자신의 감정을 솔직히 표현하는 것 같습니다. 어떤 사람은 억지로 웃고 억지로 떠들면서 몸의 반응을 속이기 위해 노력하기도 합니다. 그러나 몸의 반응을 자꾸 속이려 하는 것보다 마음을 바꾸는 것이 더 나을 것 같습니다. 우리의 몸도 그것을 바라고 있을 겁니다. 우리의 몸을 편하게 해주어야 할 것 같습니다.
　그래서 이제는 가짜 미소가 아닌 밝은 마음의 미소로 사람들을 만나고 싶습니다. 사람을 만날 때 ②여운이 오래가는 미소를 짓고 싶습니다. 오랫동안 기분 좋은 웃음을 웃고 싶습니다. 그리고 주변 사람들에게도 기분 좋은 미소, 오랫동안 이어지는 미소를 나누어 드리고 싶습니다.

---

① 벌레 씹은 표정　苦虫をかみつぶしたような表情　　② 여운　余韻

2.
얼굴 : 顔
마음이 드러내는 자신의 모습　心が現れる自身の姿

　얼굴의 어원을 '①얼 ②꼴'이라고 보는 의견도 있습니다. 어원의 옳고 틀림을 떠나 참 좋은 말이라는 생각이 듭니다. 즉, 마음이 얼굴의 모습을 나타낸다는 뜻으로 착한 마음을 가져야 고운 얼굴을 가질 수 있다는 말입니다. 자신의 얼굴에 책임을 져야 한다는 말도 이러한 의미에서 나온 말일 것입니다.

　얼굴을 보고 ③편견을 가져서는 안 된다고 말하지만, 인상을 보고 그 사람에 대해서 생각하면 맞는 경우가 많습니다. 물론 틀릴 수도 있으므로 ④선입견으로만 사람을 판단해서는 안 되겠죠.

　다른 사람들을 인상으로 판단하다가 문득 내 인상을 생각해보게 되었습니다. 거울을 보고 내 인상을 판단해보지만 쉬운 일이 아닙니다. 가끔 가족이나 친구들에게 내 인상에 대해 물어보기도 합니다. 보통은 내가 듣기에 좋은 소리를 해주는 것 같습니다.

　다른 사람에게 좋은 인상을 주기 위해서는 하루하루 더 좋은 모습으로 세상을 살기 위해서 노력하는 수밖에 없다는 생각이 들었습니다. 여러분의 인상은 어떻습니까?

---

① 얼　精神
② 꼴　なりふり, 恰好
③ 편견　偏見
④ 선입견　先入観

3.
소리 : 声、音
노래의 다른 이름 歌の別名

　한국어에서 '소리'는 여러 가지 의미를 갖고 있습니다. '말'의 의미, '노래'의 의미까지 다양하게 쓰입니다. 직장 상사에게 '한 소리를 들었다'는 말이 ①꾸중을 의미하는 경우도 있습니다. '소리를 질렀다'는 말에서 '소리'는 말보다는 단지 '②괴성, ③고함'같은 느낌이 강합니다.

　그런데 '④판소리'와 같이 '소리'가 '노래'의 의미로 쓰인다는 것은 흥미로운 일입니다. 옛날에는 노래하는 사람을 '⑤소리꾼'이라고 부르기도 했습니다. 소리를 한다는 것은 사실 기분 좋은 노래를 들려준다는 의미였던 것입니다.

　나는 바람 소리도, ⑥풀벌레 소리도, ⑦말소리도 모두 노래처럼 들렸으면 좋겠다는 생각을 합니다. 자연은 우리에게 노래로 소리를 전하고 있습니다. 자연의 소리는 모두 노래라는 생각이 듭니다. 행복한 노래 말입니다. 사람들의 말소리도 모두 노래처럼 들리기를 희망합니다.

---

① 꾸중　お叱り
② 괴성　奇怪な声
③ 고함　叫び
④ 판소리　韓国の伝統的な民俗芸能の一つ(語り物に節をつけて歌う)
⑤ 소리꾼　歌い手(歌の上手な人)
⑥ 풀벌레　草の虫
⑦ 말소리　声、話し声

4.
실수(失手) : ミス
원하지 않았던 예상하지 못했던 ①행위   望まず、予想できなかった行為

  실수는 원하지 않는 행위, 예상하지 못했던 행위를 하는 것을 ②일컫는 말입니다. 실수하는 사람을 보면 괜히 웃음이 나는 것도 예상하지 못했기 때문입니다. 코미디 프로그램의 대부분이 실수하는 모습을 다루는데, 물론 이때의 실수는 잘 계획된 것입니다. 잘 계획되지 않은 ③어설픈 실수에는 채널이 돌아가기도 합니다.
  그러나 실수 중에는 다른 사람에게 큰 슬픔을 주는 경우가 있습니다. 교통사고가 그런 것입니다. 일부러 교통사고를 내는 경우는 거의 없을 겁니다. 나의 부주의에 의해서 ④씻을 수 없는 고통을 안겨주는 경우가 있는 것입니다. 또한 생각하지 못한 말실수로 상대방에게 큰 상처를 주는 경우도 있습니다. 말로 하는 실수는 ⑤돌이킬 수 없는 것에 비해 너무 자주 하는 실수가 아닌가 합니다.
  나는 내 실수로 인해 여러분이 즐거워지기 바랍니다. 나는 내 실수로 인해 여러분이 가슴 아파지지 않기 바랍니다. 진심으로 내 주변 사람들이 슬퍼하는 실수를 하지 않았으면 합니다.

---

① 행위 行為
② 일컫다 称する
③ 어설프다 ぶざまだ、生半可だ
④ 씻을 수 없는 고통 消すことのできない(洗い流せない)苦痛
⑤ 돌이킬 수 없다 取り返しのつかない

5.
손가락질 : 指さす
나머지 손가락은 나를 향하고 있는 것　残りの指は自分に向かっていること

　남을 ①비난할 때 우리는 손가락질을 합니다. '손가락질을 하다'라는 말은 비난을 한다는 의미로 사용되기도 합니다. 몽골에서는 손가락질이 죽음을 의미하기도 합니다. 한국 사람들은 화가 났을 때 ②삿대질을 하는 경우가 있는데, 이때 손가락 끝이 상대방을 향하다가 하늘로 올라가는 것은 손가락질의 ③위력을 ④두려워하기 때문일 것입니다. 삿대질은 다른 나라 사람들은 거의 하지 않는 한국의 신체 언어이기도 합니다.

　손가락으로 사람을 가리키는 것은 기분 나쁜 행위가 될 수 있기 때문에 주의해야 합니다. 꼭 가리켜야 할 일이 있으면 손바닥을 이용하는 것이 좋습니다.

　우리가 남에게 손가락질을 할 때, ⑤집게손가락은 상대방을 향하고 있지만 나머지 세 손가락은 나 자신을 향하고 있다는 것을 알아야 합니다. 우리는 ⑥남의 눈에 있는 티끌을 보면서 내 눈의 들보는 보지 못하는 것입니다. 다른 사람을 비난하기 전에 자신을 돌아보아야 한다는 것을 이 세 손가락이 보여주고 있는 것입니다.

---

① 비난하다　非難する
② 삿대질을 하다　こぶし・指などを相手の顔に突きつける
③ 위력　威力
④ 두려워하다　怖がる
⑤ 집게손가락　人差し指
⑥ 남의 눈에 있는 티끌을 보면서 내 눈의 들보는 보지 못한다.
他人の目の中にある塵は見えても、自分の目の中の梁は見えない (新訳聖書の一文の引用)

6.
바보 : バカ
부른 배를 더 부르게 하려는 사람　満腹のお腹をもっと満たそうとする人

　우리는 ①어리석은 사람을 바보라고 합니다. 요즘에는 더 심한 욕을 많이 해서 '바보' 정도는 욕도 아닌 것처럼 생각하지만, 어찌 보면 '바보'가 제일 심한 욕이라는 생각도 듭니다. 바보에서 '보'는 사람의 의미를 가진 ②접미사입니다. '③울보, ④먹보, ⑤뚱뚱보, ⑥잠보' 등에서 '보'의 의미를 잘 알 수 있습니다.

　바보는 '밥 + 보'의 ⑦구조로 되어 있는 말로, 밥을 많이 먹고 욕심을 내는 사람이 바보라고 할 수 있습니다. 밥을 많이 먹는 사람이 바보라는 말이 나를 생각에 잠기게 했습니다. 먹는 것에 욕심을 낸다면 특히 남이 먹을 것에 욕심을 낸다면 그는 바보임에 틀림이 없습니다. 아주 어리석은 일이기 때문입니다.

　먹는 것에 욕심을 내는 사람을 '먹보'라고 하는데, 먹보보다도 더 ⑧식탐이 있는 사람이 '바보'인 것입니다. 다른 사람의 배고픔에 신경 쓰지 않고, 자신의 부른 배를 더 부르게 하려는 것은 바보 같은 일이 아닐 수 없습니다. 바보가 되지 않기 위해서는 먹을 때마다 ⑨굶주리는 사람도 생각해야 할 것입니다. 음식에 고마워하지 않고 남는 음식을 쉽게 버리던 바보 같은 날들을 떠올려 봅니다.

---

① 어리석다　愚かだ
② 접미사　接尾辞(語基の後ろにつくもの)
　　例) -さ, -的
③ 울보　泣き虫
④ 먹보　食いしん坊
⑤ 뚱뚱보(=뚱뚱이) 太っちょ
⑥ 잠보(=잠꾸러기) お寝坊さん
⑦ 구조　構造
⑧ 식탐　食い意地
⑨ 굶주림(굶주리다 + '-ㅁ') 飢え, 空腹, ひもじさ

7.
보답(報答) : 恩に報いる
원하시는 일을 하는 것　お望みのことをすること

　난 선물을 잘 못합니다. 좋은 뜻으로 선물을 하더라도 괜히 형식적인 것 같아서 ①머뭇거리게 됩니다. 나중에 ②후회가 남을 수도 있다는 걱정도 있지만, 지금은 그냥 그렇게 지내고 있습니다.
　한번은 ③은사이신 ④서정범 선생님께 추석 선물을 드리고 싶다는 생각이 들었습니다. 선생님께서 원하시는 것을 드리려고 어떤 선물이 좋을까를 ⑤여쭈었더니 '지난 번 네 글이 참 좋더라.'라고 하셨습니다. ⑥동문서답이 ⑦우문현답이었습니다.
　보답은 돈으로 하는 것이 아닌데도 우리는 항상 ⑧물질적인 크기에 익숙해져 있는 듯합니다. '얼마짜리'는 보답의 크기가 아닙니다. 선물보다는 좋은 글을 쓰는 것이 보답이고 좋은 학자로 남는 것이 ⑨은혜를 갚는 길일 겁니다.
　누군가 내게 준 은혜를 갚으려 한다면, 그가 내게 원했을 일들을 생각해 보아야 할 겁니다. 부모님의 은혜를 갚는 일, 선생님의 은혜를 갚는 일에 대해서 생각해 봅니다. 아내의 고마움을 갚는 일, 형제의 고마움을 갚는 일에 대해서 생각해 봅니다. 바르게 살아야 하겠습니다.

① 머뭇거리다　ためらう
② 후회　後悔
③ 은사　恩師
④ 서정범 (韓国)国語学者、随筆家
⑤ 여쭙다　伺う
⑥ 동문서답(東問西答)　的外れな答え
⑦ 우문현답(愚問賢答)　つまらない質問に賢明な答え
⑧ 물질적　物質的
⑨ 은혜　恩、恩恵

8.
외로움 : 寂しさ、孤独
생각의 뿌리에 물을 주는 시간　考えの根元に水を与える時間

　①외로움의 공간은 종종 일부러 뛰어들기도 하는 공간입니다. 외로움 속에서 얻을 수 있는 것이 많기 때문입니다. 새로운 세계와의 만남이나 ②깨달음은 주로 이러한 외로움을 통해서 나타납니다. 외로움을 두려워해서는 안 될 것입니다. 사람은 심한 외로움 속에서 새로운 능력을 갖게 되는 것 같습니다. 아니, 자신의 숨은 능력을 발견하는 것 같습니다.
　수행을 하는 많은 사람들이 일부러 외로움을 체험하는 것도 이러한 이유 때문일 것입니다. 사람들과 말을 하지 않는 ③묵언수행도 의사소통을 일부러 ④단절시켜 스스로를 외롭게 하고자 하는 것으로 생각됩니다. 외로운 시간을 지나면서 우리는 자신과 대화하는 법, 자신의 모습을 들여다보는 법을 알게 되는 것 같습니다.
　나는 밥을 혼자 먹는 경우가 많습니다. 다른 사람과 시간이 맞지 않거나 해야 할 일이 남아서 혼자 먹는 경우도 있으나, 나에게 외로움을 선물하기 위한 경우도 있습니다. 누구하고도 이야기하지 않으며, 완전히 나만의 시간을 보내는 것은 나에게 큰 선물이 됩니다. 내 생각의 뿌리에 물을 주는 시간이 됩니다. 어떤 날은 하루 종일을 선물하기도 합니다. 앞으로 조금 더 긴 시간을 나에게 선물할 수 있기를 기대해봅니다.

① 외로움　寂しさ、孤独
② 깨달음(깨닫다 + '-ㅁ')　悟り
③ 묵언수행(黙言修行)　無言修行(誰とも話さず無言で行う修行)
④ 단절　断絶

9.
눈물：涙
오장육부를 돌아 나온 액체　五臟六腑をめぐって出る液体

　눈물은 오장육부를 돌아 나온 물이 눈을 통해서 나오는 것이라는 말이 있습니다. 내 몸과 마음속의 모든 고통과 기쁨을 표현할 수 있는 눈물은 소중한 것입니다. 눈물은 큰 ①카타르시스를 줍니다. ②실컷 울고 나면 기분이 좀 나아진다는 이야기를 하곤 합니다.

　그런데 우리는 어릴 때부터 눈물을 흘리지 못하도록 교육을 받았기 때문에 마음속에는 항상 눈물의 ③찌꺼기가 남아 있습니다. '울면 바보야. 울면 지는 거야.'라는 말을 합니다. 아이는 울고 싶어도 바보 ④취급을 당하지 않기 위해 눈물을 참습니다. 하지만 울음을 ⑤억지로 참으면서 우리의 감정은 ⑥메말라가고 있습니다. 웃음을 웃는 것처럼, 울음을 우는 것도 자연스럽다는 것을 가르칠 필요가 있다는 생각이 듭니다.

　슬픈 영화를 보고 울지 않는 사람, 불쌍한 사람을 보고 울지 않는 사람, 감동적인 장면을 보고 울지 않는 사람, 어머니에 대한 노래를 부르면서 울지 않는 사람은 정말 불쌍한 사람입니다. 나이가 들수록 눈물이 많아진다는 이야기를 들었습니다. 아마도 그것은 ⑦삶에 대한 ⑧회한이 깊어지기 때문일 겁니다. 나는 울 일이 많아지기를 바라지는 않습니다. 하지만 울어야 할 때, 눈물 흘릴 수 있었으면 좋겠습니다.

① 카타르시스　カタルシス(心が浄化されること)
② 실컷　心ゆくまで、思う存分
③ 찌꺼기　沈殿物、残りかす
④ 취급　扱い
⑤ 억지로　無理に
⑥ 메말라가다(메마르다＋가다)　潤いがなくなっていく
⑦ 삶　人生、生、生きること
⑧ 회한　悔恨、悔い

10.
사랑 : 愛
많은 생각으로 이루는 것   たくさんの思いから成り立つもの

　옛날에는 '사랑하다'라는 말의 의미가 '생각하다'였다는 말이 있습니다. 생각을 많이 한다는 것이 사랑한다는 의미가 될 수 있다는 것이겠지요. 반대로 사랑한다면 생각을 많이 해야 합니다. 그를 위해 어떻게 해줄 수 있을까를 생각해야 합니다. '다른 사람을 만나는 것만 배신이 아니라, 나를 생각하지 않는 것도 배신'이라는 영화 「약속」의 대사도 이러한 이유 때문에 ①가슴에 와 닿습니다.
　사랑의 ②정의는 매일 수십 개씩 나올 만큼 다양합니다. ③고정적이지 않다는 것은 나만의 ④개성으로 사랑을 만들 수 있다는 것을 의미하겠죠. 나만의 사랑을 만들어보세요. 사랑의 정의를 우리가 만들어 나가는 것입니다. ⑤기독교에는 '사랑은 언제나 오래 참고'로 시작하는 노래가 있습니다. '사랑은 언제나 ⑥온유하며, 사랑은 ⑦시기하지 않으며'로 계속되는 노래에 '사랑'대신에 자신의 이름을 넣어 부르는 것을 들은 적이 있습니다. 자신의 이름을 넣어서 부끄럽지 않다면 진정 사랑하고 있는 것일지도 모릅니다.
　사랑에는 정답이 있을 수 없을 겁니다. 서로가 만족한다면 그것이 그들만의 사랑에 대한 정답이 아닐까요? 우리의 정답이 더 재미있고 아름다워지도록 노력하는 일에는 많은 생각이 필요할 것입니다.

---

① 가슴에 와 닿다　胸に響く
② 정의　定義
③ 고정적이다　固定的だ、固定されている
④ 개성　個性
⑤ 기독교　キリスト教
⑥ 온유하다　柔和だ
⑦ 시기하다　妬む

11.
행복(幸福) : 幸せ
노력이 필요한 것 努力が必要なこと

 타인이 행복하지 않다면 나도 행복해질 수 없습니다. 다른 이의 행복을 위해 내가 노력해야 할 이유가 여기에 있습니다. ①불교에서 다른 대상을 향해 ②자비심을 가지라고 하는 것도 이러한 이유에서일 겁니다.
 행복은 연결되어 있는 것입니다. 내가 행복하기 위해서는 부모님이 행복하셔야 합니다. 가족들이 행복해야 합니다. 그리고 친구들과 직장 동료들이 행복해야 합니다. 나와 함께 숨 쉬고 있는 이 땅의 삶들이 행복해야 합니다. 그들이 행복하다면 자연스럽게 나도 행복해질 것입니다. 가난한 ③이, 아픈 이, 슬픈 이의 불행을 ④덜어주어 그들이 웃음 지을 때 ⑤진정한 행복이 우리에게 있을 것입니다.
 그런 의미에서 행복에는 많은 노력이 필요합니다. 그냥 다가오는 것이 아니고, 그냥 주어지는 것이 아닙니다. 그냥 주어지는 것은 실제로 행복이 아닐 것입니다. 내 주변을 행복하게 하기 위해서 나는 무슨 일을 하고 있나 생각해봅니다. 나로 인해 행복을 느낄 사람들의 수를 세어 봅니다. 부끄러움이 밀려옵니다.
 나와 가까운 사람부터 먼 사람까지 많은 사람들의 행복을 ⑥기원합니다. 나도 그 행복을 위해서 ⑦힘을 보태고 싶습니다. 노력하겠습니다.

---

① 불교 仏教
② 자비심 慈悲の心
③ 이 (〜の、〜する) 者、人
④ 덜어주다 和らげる
⑤ 진정하다 真正だ、本当だ
⑥ 기원 願い、祈願
⑦ 힘을 보태다 力添えする

12.
행운(幸運) : 幸運
주어지는 것이 아니라 만들어가는 것　与えられるものではなく作っていくもの

　　행운은 주어지는 것이 아니라 만들어가는 것입니다.
　"당신은 행운을 잡았습니다."
　　이 말은 내가 아내를 만난 지 며칠 안 되어 했던 말입니다. 아주 ①건방진 말이 아닐 수 없습니다. 나를 만난 것이 행운인 줄 알라는 말처럼 들릴 것입니다. 그러나 내가 이 말을 한 이유는 다른 데 있었습니다. 나는 계속해서 이런 말을 했습니다.
　"난 당신이 나를 만난 것이 행운이었다는 것을 느끼게 해주고 싶습니다. 그러기 위해서 나는 ②끊임없이 노력할 것입니다."
　　나는 이 약속을 지키기 위해서 완벽하지는 않지만 노력하고 있고, 아내는 종종 그때 내 말의 의미를 이제 알 것 같다고 말하곤 합니다. 나는 아직도 이 말을 아내와 내 자신에게 자주 하고 있습니다. 또한 나는 수업에 들어가 첫 시간에 이런 말을 합니다.
　"축하합니다. 여러분은 행운을 잡았습니다."
　　그러면 대부분의 학생들이 ③어리둥절해 합니다. 그러면서 마음속으로 선생인 나를 욕하는 소리가 들리는 듯합니다. 아마 내 아내와 같은 오해를 했기 때문일 것입니다. 그러나 내가 ④뒷이야기를 하면, 표정도 밝아지고 기대감도 커지는 듯합니다. 언어가 보여주는 느낌이 있는 강의가 되는 것입니다.

---

① 건방지다　生意気だ、傲慢だ
② 끊임없이　絶え間なく、引っ切りなしに
③ 어리둥절해 하다　とまどってしまう、面食らう
④ 뒷이야기　裏話

13.
약속(約束) : 約束
스스로를 묶어 놓는 생각, 결심　自らを縛り付ける考え、決心

　약속은 묶는다는 뜻입니다. 약속은 스스로를 묶어 놓는 결심들입니다. 예전에 본 TV 프로그램이 오랫동안 잊히지 않습니다. 그 프로그램은 고생하는 아빠에게 가족들이 ①영상 편지를 보내는 내용이었습니다.

　제 기억 속의 내용은 이렇습니다. 수술 후 7년간 집 밖에 나가지 못해서 집안의 행사나 명절에도 가볼 수 없어서 미안해하는 아내의 영상 편지였습니다. '7년 동안 ②맏며느리 ③노릇, 아내 노릇 제대로 못하는 나에게 짜증 한 번 내지 않아서 고맙다.'라는 내용이었습니다. '7년간 짜증 한 번 내지 않았다.' 가슴을 울려오는 말이었습니다.

　가능할까 싶었습니다. 어떻게 짜증을 내지 않을 수 있냐고 남편에게 물으니까, 남편은 아내의 수술실 앞에서 살려만 주면 뭐든지 하겠다고 울며 기원한 약속을 지키는 것이라고 했습니다. 우리는 급할 때 한 약속은 더 쉽게 어기게 됩니다. 이미 급한 사정이 사라졌기 때문이겠죠.

　그동안 급할 때 했던 약속들을 생각해 봅니다. 그 고마웠던 마음들이 떠올라 마음을 묶습니다. 또한 사랑하는 사람들과 한 약속들은 가슴속 가까운 곳에서 항상 꺼내보며 살아야 하겠습니다. 잘 간직하고 지키겠습니다. 또한 아이들과 아내가 아플 때 했던 기원들을 생각해봅니다. 약속은 다른 사람을 ④꽁꽁 묶어 놓는 것이 아니고, 스스로를 묶어 놓는 것입니다. 기쁜 마음으로.

① 영상 편지　映像メッセージ
② 맏며느리　長男の嫁
③ 노릇　役目、役割
④ 꽁꽁 묶어 놓다　ぎゅうぎゅうに縛り付けておく

14.
척 : ふり

사람의 눈과 귀를 미혹시켜 자신을 세우는 비열한 행동
人の目と耳を惑わし、自身を立てる卑劣な行動

　한국어 어휘 중에서 서로 완전히 바꾸어 쓸 수 있는 어휘가 '체'하고 '척'이라고 합니다. ①의존명사 '체'와 '채'를 ②혼동하는 경우가 많은데, '척'의 'ㅓ'를 기억하면 실수하지 않습니다. 많은 ③성인들의 말씀이나 책을 보면 가장 나쁜 것으로 '척'을 듭니다. '아는 척, 잘난 척, 있는 척'을 나쁜 '삼 척'으로 이야기하는 경우도 있습니다.

　'척'하는 사람의 공통점은 실제로 그렇지 않다는 데 있습니다. 알지 못하는 사람이 '아는 척'을 하고, 잘나지 않은 사람이 '잘난 척'을 하고, 갖고 있지 않은 사람이 '있는 척'을 하게 됩니다. 실제로 갖춘 사람은 본인이 그렇다는 것을 알지 못합니다. 아니, 그렇지 못하다는 생각에 부끄러워하기까지 합니다. 가장 나쁜 '척'이 무엇일까 하는 생각을 해본 적이 있습니다. ④부처께서는 '성인인 척'하는 것이 나쁘다고 말씀하셨습니다. 성인이 아닌 자가 성인인 척 행동하는 것만큼 위험한 일은 없습니다. 다른 사람의 눈과 귀를 속이고 나를 내세우는 일은 정말 위험한 일입니다. 깨닫지 않은 자가 깨달은 것처럼 다른 이들을 ⑤깨우치려 한다면, 이는 자신에게는 부끄러운 일로 끝나겠지만 사회적으로는 매우 위험한 영향을 끼칠 수도 있습니다. 혹시나 내가 행해온 '척'을 생각해봅니다. ⑥금세 부끄러워집니다. 그동안 나의 모습에서 '척'을 느끼셨던 분들께 부끄러운 마음이 들 뿐입니다.

① 의존명사　依存名詞 (それ自体は明確な意味を持たず単独では使われない名詞)
② 혼동하다　混同する
③ 성인　聖人
④ 부처　仏
⑤ 깨우치다　悟らせる、諭す
⑥ 금세　たちまち

15.
질투(嫉妬) : 嫉妬
나를 버리지 못한 마음　自分を捨てられない気持ち

　'질투는 나의 힘'이라는 한국 영화가 있습니다. 질투가 얼마나 무서운 것인지 생각하게 만드는 제목입니다. 질투는 사랑보다 강합니다. 아니, ①지저분하고 ②질긴 것 같습니다. 서로 사랑하지 않는 부부 사이에도 질투가 존재합니다. 배우자의 ③부정을 보면, 내가 그를 사랑하지 않더라도 화를 내게 됩니다. 그를 사랑하지 않더라도 그를 놓아주지는 못하는 것입니다.

　사랑의 반대말이 미움이 아니라 ④무관심이라는 것은 관심의 중요성을 보여주지만, 사랑과 질투의 관계는 설명하기가 참 어렵습니다. 무관심하면서도 질투는 계속 남아있기 때문입니다. 다 늙어서 아무에게도 관심을 못 받을 것 같은 아내나 남편을 다른 늙은이가 좋아한다고 하면 화가 ⑤치밀어 오릅니다. 참으로 이상한 일입니다. 사랑하는 것도 아닌데 말입니다.

　사랑은 짧고, 질투는 깁니다. 그 이유는, 사랑에는 내가 없는데 질투에는 내가 있기 때문이라는 생각이 듭니다. 내가 질투하는 이유를 ⑥곰곰이 생각해보면, 그 사람 때문이 아니라 나 때문입니다. 나의 ⑦체면이나, 나의 ⑧지위, 다른 사람이 나를 바라볼 시선 등이 화를 만드는 것입니다. '네가 감히'라는 생각이 담겨 있을지도 모릅니다.

　질투보다는 사랑이 길었으면 합니다. 질투보다 강한 사랑이었으면 합니다. 내가 왜 질투를 하는지 생각해 보고, 나를 버릴 수 있기를 바랍니다.

① 지저분하다　汚い、きれいでない
② 질기다　長引く、根強い
③ 부정　不貞
④ 무관심　無関心
⑤ 치밀다　(怒りなどの感情が)込み上げる
⑥ 곰곰이　じっくり
⑦ 체면　体面、世間体
⑧ 지위　地位

16.
고함(高喊) : 大声、叫び
누군가의 영혼을 해치는 일　誰かの魂を傷つける事

소리를 지르는 것입니다. 큰소리로 ①나무라는 것입니다. ②솔로몬 군도의 사람들이 아주 큰 나무를 쓰러뜨릴 때는 고함을 지른다고 합니다. 그것은 큰소리가 나무의 영혼을 죽인다는 생각 때문입니다. 고함은 이렇게 자연이나 사람의 영혼을 죽일 수도 있습니다.

우리는 언제 고함을 칩니까? 고함을 치면 마음이 더 시원해지나요? '화는 천천히 내고, 잊기는 빨리 잊으라.' 이 말을 듣고 정말 좋은 말이라는 생각이 들었습니다. 우리는 작은 일에도 금방 화를 냅니다. 참지 못하고 ③소리를 지릅니다. 고함을 치는 것이지요. 그러고는 오랫동안 잊어버리지 못하고 마음속에 담아둡니다. 당연히 ④용서하기 어려울 것입니다. 우리는 고함을 칠 일이 있으면 여러 번 생각하고, 혹시라도 화를 냈다면 반성하고 빨리 잊어버릴 필요가 있습니다. 물론 마음먹은 대로 행동하기는 어렵습니다. 고함을 치면 ⑤효과가 빠르다고 이야기할 수도 있을 것입니다. 아이들이 부모님의 행동 중에서 제일 싫어하는 것이 고함을 치는 것이라는 이야기를 들은 적이 있습니다. 효과가 빠르다는 것은 원래의 상태로 빨리 되돌아갈 수도 있다는 것을 의미합니다.

고함을 치기 전에 한번쯤 생각해보아야 할 겁니다. 내가 누구의 영혼을 해치고 있는 것은 아닌지.

---

① 나무라다　叱る
② 솔로몬 군도　ソロモン諸島
③ 소리를 지르다　叫ぶ、大声・悲鳴を上げる
④ 용서하다　許す、容赦する
⑤ 효과　効果

17.
소일(消日) : 暇つぶし
시간을 죽이는 일　時間をつぶすこと

　소일은 하루를 사라지게 만든다는 의미입니다. 하루를 잘 사용한다는 뜻이 아니라 억지로 보낸다는 느낌이 강한 단어라고 할 수 있습니다. 나이가 들면서 사람들은 '①소일거리가 없다.'라거나 '어떤 일로 소일을 한다.'라는 말을 자주 합니다. 이미 직장에서는 은퇴를 했고, 특별히 해야 하는 일도 없는 상태에서 소일거리를 찾는 것은 어찌 보면 당연한 일인지도 모르겠습니다.

　그러나 단순히 하루를 떠나보내기에는 남은 인생이 아깝다는 생각입니다. 자신에게 깨달음을 줄 수 있는 방법을 연구해보는 것도 의미가 있을 것입니다. 평생 바쁘다는 이유로 자신을 들여다보지 못했다면, ②정년 이후부터라도 ③명상을 하면서 지내는 것도 좋을 것입니다. 건강을 위해 산에 오를 때도 소일을 하지 말고 주어진 시간을 잘 사용해야 할 것입니다. 주변을 살펴 쓰레기를 주울 수도 있을 것입니다.

　길가에 떨어진 쓰레기를 줍는 일도, 아이들의 안전을 위해 ④건널목에서 ⑤봉사하는 일도, 그간 내가 배워 온 인생을 젊은이들에게 조용히 들려주는 일도 모두 하루를 잘 보내는 일일 것입니다. 소일거리를 찾지 말고, 의미 있는 일을 찾아서 남은 인생을 살아야겠습니다. 소일은 나이 든 사람들에게만 해당하는 것이 아닙니다. 젊은 사람들도 때로는 ⑥멍하니, 때로는 의미 없는 일로 시간을 보냅니다. 의미 없이 시간을 보내는 것을 '시간을 죽인다'라고 합니다. 소일은 시간을 죽이는 일입니다.

① 소일거리　暇つぶしになるもの
② 정년　定年
③ 명상　瞑想
④ 건널목　踏み切り
⑤ 봉사　奉仕、ボランティア
⑥ 멍하니　ぼんやりと

18.
장수(長壽) : 長寿
아름답게 살기 위해 오래 사는 것　美しく生きるために長く生きること

　장수는 오래 산다는 뜻입니다. 그런데 우리는 왜 오래 살고 싶어 하는 것일까요? 장수에도 목적이 필요하다는 생각이 듭니다. 우리는 보통 장수하는 사람을 행복한 사람으로 생각합니다. 그래서 다른 이의 장수를 기원하기도 합니다.
　하지만 오래 산다는 것이 반드시 행복한 일만은 아닙니다. 그것은 나에게도, 남에게도 불행한 일이 될 수 있습니다. 가까운 사람들이 다 죽은 후에 나 혼자 살아남아 있다면 그것을 행복하다고 할 수 있을까요? 내가 살아있기 때문에 불행해 하는 사람들이 있다면 장수가 축복받은 것이라 할 수 있을까요?
　①모하메드의 언행을 기록한 '②하디스'에 보면 "좋은 일을 하는 자. 오래 삶으로써 좋은 일을 더욱 많이 할 수 있을 것이니 죽음을 원하지 말라."라는 말이 나옵니다.(정수일, 『이슬람문명』) 이 말을 통해서 우리는 오래 살아야 하는 이유를 알 수 있습니다. 장수는 해보고 싶은 일을 다 하기 위해서 ③바라는 것이 아닙니다. 하루를 더 살면서 세상에 더 ④해악을 끼친다면, 장수는 아름다운 것이 아닙니다. ⑤범죄자도 오래 살아야 합니다. 그동안 끼친 해악을 생각한다면 더 많은 시간이 필요할 것입니다.
　오래 살아야겠습니다. 앞으로는 장수를 희망으로 가져야겠습니다. 오래 살면서 그동안 못 했던 ⑥선행도 하고 해악도 씻어야겠습니다.

① 모하메드　ムハマンド(イスラム教の開祖者)
② 하디스　ハディース(ムハマンドの言行録)
③ 바라다　願う
④ 해악을 끼치다　害悪を及ぼす
⑤ 범죄자　犯罪者
⑥ 선행　善行

19
달 : 月
계수나무와 여신이 살고 있는 곳　月桂樹と女神が住む所

　보름달이 뜨면 ①소원을 비는 민족. 한국인에게 달은 매우 ②신성한 존재입니다. 그래서인지 예로부터 ③추석과 ④정월 대보름은 민족의 큰 축제였습니다. 한 해의 ⑤수확을 감사하며 축하하는 자리, 한 해의 복을 빌고 ⑥악을 쫓는 자리에는 어김없이 달이 있는 것입니다.
　달에 대한 한국인의 태도는 동양적인 사고와 관계가 있습니다. 한국인은 예로부터 달에 토끼와 계수나무가 있다고 믿어왔습니다. 인간의 달 착륙으로 모든 것은 신화나 전설이 되었지만 아직 마음속에는 옛 ⑦선조의 마음이 그대로 살아있는 듯합니다. 사실 달에서 토끼가 ⑧방아 찧는 모습은 찾기 어렵습니다. 그러나 어두운 부분을 자세히 보면 계수나무 같은 모양을 찾아볼 수 있습니다. 그런데 서양 사람들은 어떻게 여신을 생각하게 되었을까요? 대답은 간단합니다. 밝은 부분을 자세히 보면 여자의 얼굴이 보입니다. 그것을 여신으로 생각했을 것입니다.
　보름달이 뜨면 달의 어두운 부분과 밝은 부분을 한번 살펴보세요. 같은 사물을 바라보는 시각의 차이가 다양한 ⑨신화와 전설을 만들어 냈던 것입니다. 이제 나는 달에서 계수나무와 여신을 봅니다.

① 소원을 빌다　願い事をする
② 신성한 존재　神聖な存在
③ 추석　中秋節、旧暦のお盆
④ 정월 대보름　小正月(陰暦１月１５日)
⑤ 수확　收穫
⑥ 악을 쫓다　悪を追い払う
⑦ 선조　先祖、祖先
⑧ 방아 찧다　うすをつく、餅つきする
⑨ 신화　神話

20.
잡초(雜草) : 雜草
우리와 함께 사는 풀　私達と一緒に生きる草

　①쓸모없는 풀을 우리는 잡초라고 부릅니다. 사실 쓸모가 있는지에 대해서 판단할 수 없는 경우에도 쉽게 잡초라는 말을 쓰곤 합니다. 잡초와 비슷한 풀을 우리는 ②들풀이라고도 하는데, 들풀에는 편견이 담겨있지는 않습니다. ③식량의 목적에 해당하지 않으면, 또 내가 자라게 하려고 했던 것이 아니면 당연하게 '잡초' 취급을 하는 것입니다.

　지금은 잡초의 대표가 되어버린 '④피'라는 식물도 예전에는 중요한 식량 자원이었습니다. 지금은 피를 뽑아 버리지만, 예전에는 피를 수확했던 것입니다. 나의 관점이 변했다고 더 이상 필요 없다고, 함부로 잡초라고 해서는 안 될 것입니다. 어떤 풀은 내게는 덜 중요해도 다른 ⑤생물들에게는 맛있는 음식일 수도 있습니다.

　우리는 지금 내 생활에 도움이 되지 않는다고 주변의 식물을 잡초라 부르고, 주변의 ⑥곤충을 ⑦해충이라 부릅니다. 잡초가 살 수 없으면 우리도 살 수 없고, 해충조차 없는 식물들은 우리도 먹을 수 없습니다. 누구 마음대로 잡초, 해충이라고 하나요?

　또한 우리는 우리가 살지 못하는 땅을 ⑧황무지라고 부릅니다. 하지만 황무지가 다른 생물에게는 귀한 땅일 수 있습니다. 잡초도, 해충도, 황무지도 없습니다. 우리와 함께 하는 삶이 있을 뿐입니다.

---

① 쓸모없다　使い道のない、役に立たない
② 들풀　野草
③ 식량　食糧
④ 피　ヒエ
⑤ 생물　生物
⑥ 곤충　昆虫
⑦ 해충　害虫
⑧ 황무지　荒地、荒廃した土地

21.
아름답다 : 美しい
가장 자신다운 것   もっとも自分らしいこと

'아름답다'에서 '아름'은 '나'라는 뜻이었습니다. 가장 자신다운 것이 아름다운 것이라는 의미겠죠. 다른 사람을 따라하려고 노력하지 말고 자신의 가치를 소중히 생각하는 것이 중요합니다.

완전히 똑같은 것은 없습니다. '비슷하다'는 말도 사실은 다르다는 의미입니다. 같지 않은 것이 비슷한 거죠. '①빗맞다, ②빗나가다, ③빗금' 등이 정확하지 않다는 의미를 갖고 있는 것도 이런 이유 때문입니다. 다른 사람과 ④굳이 같아지려 하지 말고 나의 다른 점을 발견하려고 노력하는 것이 필요한 것입니다.

'-답다'의 의미를 생각해보면, 학생은 학생다울 때 아름다운 것입니다. 학생이 학생 같지 않고 어른을 따라하려는 것은 결코 아름답지 않습니다. 선생은 선생다워야 아름다운 것입니다. 선생이 다른 것에 관심이 있다면, 그것도 아름답게 보이지 않을 것입니다. 어른은 어른다워야 ⑤존경받을 수 있을 겁니다.

각자의 위치에서 최선을 다할 때, 세상은 아름다워질 수 있을 것입니다. 다른 사람의 자리에 ⑥욕심내기 전에 내가 서 있는 모습을 바라보아야 할 겁니다.

① 빗맞다 はずれる
② 빗나가다 それる
③ 빗금 斜線
④ 굳이 敢えて、強いて
⑤ 존경(을) 받다 尊敬を受ける、尊敬される
⑥ 욕심내다 欲を出す

22.
예쁘다 : きれいだ、可愛い
예쁘다면 보호해야 하는 것　可愛いとは保護すべきもの

'예쁘다'는 과거에 '어엿브다'였습니다. 이는 '불쌍하다, ①가엾다'의 의미도 가지고 있었습니다. ②세종대왕은 '③어린(어리석은) 백성을 어엿비(불쌍하게)여겨' 한글을 ④창제했습니다. 그런데 예쁜 것과 가여운 것은 어떤 관계가 있을까요?

예쁘다고 이야기할 때, 그 대상을 가만히 생각해 보면 왜 가여운 것과 관련이 있는지 알 수 있습니다. 우리는 주로 꽃을 예쁘다고 하고, 아기를 예쁘다고 합니다. 금방이라도 손을 대면 꺾일 것 같고 다칠 것 같은 느낌을 우리는 예쁘다고 하는 것 같습니다. 예쁜 것은 보호하고 싶습니다. 예쁜 여인과 아름다운 여인은 그런 점에서 차이가 있을 겁니다. 아기에게도 아름답다는 말은 잘 어울리지 않습니다. 아름다운 꽃은 왠지 화려하고 가까이하기 어려울 것 같습니다. 가여운 느낌은 아닌 것입니다.

예쁘다고 할 때는 ⑤애틋한 마음이 있어야 할 겁니다. 보호하려는 마음이 있어야 하는 것입니다. 예쁘다고 말하면서 꺾는 것은 예뻐하는 것이 아닙니다. '예쁘다'라는 단어를 가만히 보면, 예쁜 것을 바라보는 ⑥조상들의 태도를 알 수 있습니다.

---

① 가엾다　かわいそうだ、哀れだ
② 세종대왕(世宗大王)　ハングルを創製した李氏朝鮮第4代国王
③ 어린 백성을 어엿비 여겨…　愚かな百姓を不憫に思い…(ハングル創製における有名な一文)
④ 창제하다　創製する、作り出す
⑤ 애틋한 마음　情愛の心
⑥ 조상　祖先

23.
원(願)하다 : 願う
필요한 것만을 원해야 하는 어려움　必要なものだけを求めなければならない難しさ

①부탄이라는 나라에서는 '원하다'라는 말이 '필요하다'라는 말과 같은 의미로 쓰인다고 합니다. 필요한 것만을 원해야 한다는 것이지요. 따라서 필요하지도 않은 것을 원하는 것은 잘못이며 욕심일 수 있습니다. 지나친 ②소유를 ③억제하는 가르침이 필요한 세상이라는 생각이 듭니다.

내가 가지고 있는 것 중에서 버려도 될 것은 무엇인가 생각해본 적이 있습니다. 또 내가 가진 책들 중에서 버려도 좋은 책은 무엇일까 하고 생각해본 적도 있습니다. 각각 다 ④사연이 있는 것 같고, ⑤손때가 묻어 있어서 참 버리기가 어려웠습니다.

언젠가 내가 살던 집 위층에 불이 나서, 그 불을 끄느라 우리 집이 완전히 물에 젖은 적이 있었습니다. 젖은 집을 밖에서 바라보면서 내가 갖고 있던 것들과 책 따위를 다시 살 생각에 ⑥머릿속이 하얘졌습니다. 그러나 꼭 다시 사야겠다고 생각한 것들은 그리 많지 않았습니다.

어쩌면 내가 원하고, 간직하고자 하는 것들이 내게 꼭 필요한 것이 아닐지도 모릅니다.

---

① 부탄　ブータン
② 소유　所有
③ 억제하다　抑制する
④ 사연　(物事の)事情、訳
⑤ 손때가 묻다　手あかがつく
⑥ 머릿속이 하얘지다　頭の中が真っ白になる

24.
어울리다 : 似合う、交わる

어울리는 친구끼리 어울리는 것이 가장 큰 행복
似合う友人同士付き合うことが一番大きな幸せ

'어울리다'에는 두 가지 뜻이 있습니다. 하나는 ①'주'가 되는 것에 ②'부'가 되는 것이 잘 맞을 때 하는 말입니다. 예를 들어 옷이 어울린다고 하고 ③장식품이 어울린다고 하고 음식이 잘 어울린다는 말을 합니다. 다른 뜻으로는 친구나 형제가 같이 잘 놀고 지내는 것을 말할 때 씁니다. 어울려 놀고, 돌아다니기도 하는 것을 말합니다.

그런데 우리는 종종 나쁜 친구들과 어울리는 경우가 있습니다. 보통 부모들은 남의 자식을 나쁜 아이로 여기지만, 그 아이 부모는 우리 아이를 ④원망하기 마련입니다. 하지만 어울리는 사람끼리 어울리는 법이니까 어느 한 사람의 잘못으로 볼 수는 없을 겁니다. 남의 자식의 잘못을 보기 전에 자기 자식의 잘못을 보고, 어울리는 만남을 찾을 수 있도록 도와주어야 하는 것입니다.

잘 어울리기 위해서는 서로의 노력도 필요합니다. 친구의 기쁨이나 슬픔, 좋아하는 것에 내가 관심을 가져야 더 잘 어울릴 수 있을 것입니다. 잘 어울리는 친구와 평생을 어울려 지낼 수 있는 것은 가장 큰 행복입니다. 나이를 한 살 한 살 먹을수록 친구가 ⑤절실해지고, 서로 어울려 다니던 시절이 생각납니다.

①주 主
②부 副
③장식품 裝飾品
④원망하다 恨む
⑤절실해지다 切実になる

25.
점잖다 : 温厚だ
나이가 들었음을 알아야 하는 것　年を取ったことを知るべきこと

'①점잖다'라는 말은 '젊지 않다'는 뜻입니다. 젊지 않다는 의미가 어떤 일을 함부로 하지 않는다는 의미로 변화한 것입니다. 나이든 사람이 어때야 하는가에 대해서 한국 사람들이 갖고 있었던 생각을 보여줍니다. 나이가 들면 가볍지 않아야 하고 ②너그러워야 하는 것입니다.

우리가 점잖지 않다고 할 때는 나이든 사람이 갖추어야 할 것을 갖추지 않았음을 ③질책하는 것입니다. 또한 나이가 들면서 버렸어야 할 것을 버리지 못한 것을 꾸짖는 말이 아닐까 합니다. 나이가 들어가면서 사람들이 가장 고민하는 것은 고집이 세지는 것입니다. 그런 고집을 ④아집이라고도 하는데, 다른 이는 다 틀리고 나만 옳다고 생각하거나 젊은이의 행동들을 무조건 어리다고 여기는 것입니다.

나이가 드신 분 중에는 주변 사람들에게 내가 어떤 일에 집착하면 꼭 좀 말려달라고 부탁을 하는 경우도 있다고 합니다. ⑤집착을 하는 것은 점잖은 일이 아닙니다. 나이가 들면 지갑은 열고 입은 닫으라는 말이 있습니다. 이는 주는 것은 늘리고, ⑥독선은 줄이라는 말입니다.

내가 더 이상 젊지 않다는 것을 항상 ⑦되새기면서 살아야 하는데, 내 모든 판단을 그대로 믿고 살아가는 것은 점잖지 않은 행동입니다. 나이를 하나둘 더 먹으면서 난 조금씩 내가 점잖아지기 바랍니다. 집착과 독선이 하나둘 사라져가기 바랍니다.

① 점잖다　温厚だ、品がある
② 너그럽다　寛大だ
③ 질책하다　叱責する
④ 아집　我執(自身の狭い考えにとらわれること)
⑤ 집착　執着
⑥ 독선(獨善)　独善、独りよがり
⑦ 되새기다　繰り返して考える

26.
새롭다 : 新しい
날마다 해가 뜨는 것　日々太陽が昇ること

'①지혜롭다, ②슬기롭다, ③향기롭다'에서 알 수 있듯이 '-롭-'은 명사를 형용사로 만들어주는 말입니다. '새롭다'의 '새'도 원래는 명사였을 것으로 보입니다. '새 것, 새 집'에서처럼 '새'는 ④관형사로 사용되고 있습니다. '새'가 들어가는 말로는 '새벽'이 있는데, 새벽은 해 뜰 무렵을 의미합니다. 새는 '해'와 관련이 있는 말입니다. 날이 '새다'라고 할 때도 새는 해를 의미합니다. 또한 동쪽을 의미하기도 합니다. 동쪽에서 부는 바람이라는 뜻의 '⑤높새바람'에서 새는 '동쪽'을 의미합니다.

'무엇이 새로운 것인지, 무엇이 새로움의 ⑥근원이었을지?'에 대해서 생각해봅니다. 날마다 해가 뜨면 날마다 새로운 일이 시작됩니다. 해가 뜰 무렵을 새벽이라고 하는 것은 '새'가 '해'의 의미를 지니고 있음을 보여줍니다. 오늘의 나는 어제의 내가 아닙니다. 이미 좋은 방향이든 그렇지 않은 방향이든, 어제와 달리 새로워져 있는 것입니다. 우리는 서로 '내가 어제의 모습으로 당신을 판단하지 않을 테니, 당신도 나를 오늘의 모습으로만 평가해 주십시오.'라는 인사를 나누어야 합니다.

'젊음을 유지한다는 것은 더이상 새롭지도 놀랍지도 않은 마음에 쌓인 ⑦권태를 제거하는 것이다.'(여훈, 『최고의 선물』)라는 말은 새로움이 가져다주는 힘을 느끼게 합니다. 늘 감탄하고, 늘 새로움을 ⑧추구하는 모습에 젊음이 있다는 것입니다. '날마다 새롭게 해 주십시오.'라는 기원을 모든 이를 위해 해봅니다. 모든 사람을 날마다 새롭게 보는 '나'이기를 기원합니다.

① 지혜롭다　知恵がある、賢明だ
② 슬기롭다　賢い、聡明だ
③ 향기롭다　香しい
④ 관형사　連体詞(名詞を修飾する品詞)
⑤ 높새바람　北東風
⑥ 근원　根源
⑦ 권태　倦怠
⑧ 추구하다　追求する、追い求める

27.
늙다 : 老いる
낡아가는 것이 아니라 자라나는 것　古くなっていくのではなく成長していくこと

　인간의 ①노화에 대해 공부하는 사람들의 이야기를 들어보면 어떤 ②세포는 태어나면서부터 노화된다고 합니다. 따라서 엄밀하게 말하면 우리의 몸은 부분적으로 태어나면서 늙어가는 것이라고 할 수 있습니다. '늙다'라는 말과 '낡다'라는 말은 ③모음의 차이로 의미가 달라진 말입니다. 한국어에는 이러한 말들이 많습니다. 그런데 '늙다'에 비해서 '낡다'는 훨씬 ④부정적인 느낌이 많습니다. '낡은 ⑤사고'라는 말에서는 새로운 것을 받아들이지 못하는 태도가 느껴집니다. 또한 어떤 물건이 낡았다고 하면 그 물건은 제대로 기능하지 못할 것이라는 생각이 듭니다.

　그래서 늙어가는 것은 낡아가는 것이 아니어야 한다는 생각이 듭니다. '늙다'라는 말은 다른 말로 '자라다'라는 말과 비슷하다는 생각도 하게 됩니다. 우리는 어릴 때만 자란다고 생각하지만, 어릴 때도 늙은 세포가 있는 것처럼 죽을 때까지 태어나고 자라는 세포도 있다고 합니다.

　세포뿐만이 아니겠죠? 내 몸속에는 죽을 때까지 자라는 것이 있을 것입니다. 하지만 그것이 욕심이 아니기 바랍니다. 그것이 집착이 아니기 바랍니다. 내 몸 속에서, 내 마음속에서 죽을 때까지 자라나는 것이 깨달음이기를 바랍니다. 죽을 때까지 끊임없이 나의 마음이 자랄 수 있었으면 좋겠습니다.

① 노화　老化
② 세포　細胞
③ 모음　母音
④ 부정적　否定的
⑤ 사고　考え、思考

28.
나이를 먹다 : 年を取る
더 크게 자라야 한다는 말　もっと大きく成長すべきという言葉

　나이는 '들다'라고 표현하기도 하고 '먹다'라고 표현하기도 합니다. 왜 나이를 '먹다'라고 하는지가 궁금했던 적이 있습니다. 나이를 '먹다'라고 표현하는 것은 떡국을 먹어야 나이를 먹는다고 이야기하는 것과 관련이 있을지도 모르겠다는 생각이 들었습니다. 떡국을 먹어야 한 살 먹는다고 해서 꼭 설날에는 아이들에게 떡국을 먹게 하였고, 빨리 어른이 되고 싶은 아이들은 두 그릇, 세 그릇씩 떡국을 먹기도 하였습니다. 떡국이라는 음식을 먹는 것은 자라기 위해서입니다. 힘을 내기 위해서입니다.

　나이를 '먹는 것'도 이와 같아야 한다는 생각이 듭니다. 나이를 한 살 더 먹는 것은 힘을 내서 더 크게 자라기 위한 것입니다. ①성장 호르몬은 죽을 때까지 나온다는 이야기를 듣고 '내 어느 부분이 아직도 성장하고 있을까?' 하는 생각을 해본 적이 있습니다. 아마 어느 순간부터 몸은 더 이상 자라지 않게 될 것입니다. 그렇다고 해서 자라는 것을 포기해서는 안 된다고 생각합니다. 우리의 깨달음은 계속 ②목말라 있어야 하며, ③생명을 다하는 순간까지 자라나야 할 것입니다.

　우리는 매년 나이를 먹습니다. 그러면서 매년 깨닫지 못하고 있는 스스로를 반성합니다. 그리고 깨달음에 대한 새로운 결심을 해봅니다. 나이를 먹었으면 ④나잇값을 해야 한다는 말도 자라지 못한 사람을 ⑤꾸짖는 말이 아닐까 싶습니다. 나잇값을 해야 하겠습니다.

① 성장 호르몬　成長ホルモン
② 목마르다　渇望する、のどが渇く
③ 생명을 다하다　命が尽きる
④ 나잇값을 하다　年相応の行動をする
⑤ 꾸짖다　叱る、とがめる

29.
미루다 : 延ばす

짧아야 할 ①망설임　短かくあるべき躊躇

　우리는 지금 해야 할 일 중에서 금방 하지 않아도 되는 일이나 덜 중요하다고 생각하는 것을 다음으로 미룹니다. 한쪽으로 밀어두고 가끔씩 쳐다보며 아쉬워하기도 합니다. 조금만 시간이 지나면 가능할 것이라고 스스로를 ②위안하기도 합니다. 그러나 나중에 생각해보면 그때 하지 않아서 ③평생 못하게 되는 일들도 있습니다.

　정말 하고 싶은 것은 미루지 말아야 합니다. 사랑도, 공부도, 깨달음을 위한 길도 미루지 말아야 합니다. 특히 평생 후회할 일이라면 말입니다. "이 지구의 동식물들 중에서 '미루는 것'을 발명한 것은 인간뿐이다. 어떤 나무도, 동물도 미루지 않는다. 인간만이 미룬다."(류시화, 『하늘 호수로 떠난 여행』)라는 글은 여러 가지 생각을 하게 합니다.

　내가 지금 미루고 있는 것은 무엇인가? 내가 지금 하지 않으면 다음에 할 수 있을까? 나중에 후회하지 않을까? 많은 의문이 있습니다. 지금은 이 글 속에 밝히기 어려운 꿈들이 머릿속을 가득 채우고 있습니다. 하고 싶습니다. 그쪽으로 조금 더 나아가고 싶습니다. 더 늦기 전에 제가 하고 싶은 일을 더 이상 미루지 않기를 희망합니다. 제가 가고 싶은 길로 한 걸음 크게 ④내딛고 싶습니다.

---

① 망설임(망설이다 + '-ㅁ') 躊躇、ためらい
② 위안하다　慰める
③ 평생　一生、生涯
④ 내딛다　踏み出す

30.
우리 : 私たち
내 것이 아님을 깨닫게 하는 상징어　自分のものではないことを悟らせる象徴語

　한국 사람만큼 '우리'라는 말을 좋아하는 민족이 있겠냐는 말을 합니다. '나'라는 표현을 써야 하는 자리에 '우리'라는 표현을 써서 웃는 경우도 있습니다. 그러나 '우리'라는 말의 아름다움 또한 알아야 할 것입니다. '우리'를 ①공동체 문화의 ②상징으로 보는 의견이 있습니다. '③울타리'의 '울'을 '우리'와 같은 ④어원으로 보는 것도 '함께'라는 점을 강조한 결과일 겁니다.

　한편으로는 '우리'라는 말에 대해 조금 더 생각해보면 '집착을 버릴 수 있게 하는 표현이구나.' 하는 생각도 듭니다. '나'라는 표현 대신 '우리'라는 표현을 쓰면 '내 것', '네 것'이 아니라 '우리 것'이 됨으로써 소유에 대한 집착에서 ⑤벗어날 수 있습니다.

　사실 세상에 내 것이라 할 만한 것이 얼마나 있습니까? 원래 내 것이었던 것은 또 얼마나 있습니까? 그런데도 우리는 내 것과 네 것을 구분하려 하고, 조금 더 내 것으로 만들기 위해서 ⑥애씁니다. 다시 생각해보면 이 세상의 모든 것에 '내 것'은 없습니다. 모두 '우리 것'이죠. 마찬가지로 어떤 것도 '네 것'이 아닙니다. 특히 슬픔이나 고통, 기쁨, 행복 같은 것은 더욱 누구 하나만의 것이 아닙니다. 우리 모두의 것입니다.

① 공동체　共同体
② 상징　象徴、シンボル
③ 울타리　囲い、垣根
④ 어원　語源
⑤ 벗어나다　逃れる、外れる
⑥ 애쓰다　努力する、苦労する

31.
형제(兄弟) : 兄弟
피를 나눈 가장 고마운 친구 血を分けた最も有難い友達

집에서 아이들이 놀고 있습니다. 조용히 하라고 해도, 거실을 뛰어다니며 ①깔깔거립니다. 가끔은 서로 싸우기도 합니다. 그리고 잠시 후 또 뛰어다니며 서로 안고 ②뒹굽니다.

'내 지난 ③시절 가장 고마운 친구는 형제였구나!'하는 생각을 합니다. 형제가 없었다면 많이 외로웠을 거라는 생각이 듭니다. 부모님이 보시기에 형제의 ④우애가 깊은 것만큼 ⑤흐뭇한 것은 없을 것입니다. 긴 세월 내게 힘이 되고 즐거움이 되었던 형제에 대한 기억을 우리는 쉽게 잊어버립니다. 고마움과 기쁨은 시간이 지나면서 ⑥옅어지고, ⑦서운함은 세월 따라 ⑧짙어지는 듯합니다. 가끔씩 옛 기억들을 떠올려 볼 필요가 있습니다. 때로는 기억나지 않는 과거를 상상해볼 필요도 있습니다.

이런 상상은 즐거운 것입니다. 아이들이 노는 모습을 보면서 '나는 어렸을 때 어떤 놀이를 하면서 형제들과 뒹굴었을까?' 하는 상상을 하는 것은 행복한 일입니다. 형제에게 먹는 것을 나누어주고, 껴안고, 잃어버릴까 봐 서로 손을 꼭 붙잡고 있는 모습을 상상해보는 것은 큰 즐거움입니다.

내 어린 시절 고마운 친구였던 형제에게 혹시 서운함을 갖고 있지는 않습니까? 그렇다면 먼저 손을 ⑨내미세요. 피를 나눈, 내 가장 고마운 친구니까요.

① 깔깔거리다　声をあげて笑う
② 뒹굴다　ごろごろする、転げる
③ 시절　時節、時
④ 우애　友愛、友情
⑤ 흐뭇하다　誇らしく思う
⑥ 옅다　薄い ↔ ⑧ 짙다　濃い
⑦ 서운함　寂しさ
⑨ 내밀다　差し出す

32.
부모(父母) : 両親

끝없는 ①내리사랑　果てしない親から子供への愛

　부모님의 사랑을 표현하는 한국 속담 중에서 '부모가 죽으면 산에 ②묻고, 자식이 죽으면 가슴에 묻는다.'라는 말이 있습니다. 돌아가신 부모를 생각하는 마음은 제사 때나 명절 때 정도이지만 자식을 생각하는 마음은 때가 따로 없다는 의미인 것 같습니다. 부모가 없으면 '③고아'라 하고, 남편이 없으면 '④미망인'이나 '⑤과부'라 하고, 부인이 없으면 '⑥홀아비'라 하는데, 자식을 잃은 부모에 대한 말이 없는 것은 그 슬픔을 표현할 만한 단어가 없기 때문이라고 합니다. 정말 맞는 이야기입니다.

　우리는 ⑦어쩔 수 없는 사람들인가 봅니다. '내리사랑'이라는 말이 있듯이, 우리는 갚아도 끝이 없는 부모님에 대한 사랑보다 자식을 먼저 생각하게 되니 말입니다. 그러나 한편으로는 이런 생각도 해봅니다. 어쩌면 부모님께서 진정으로 바라는 것은 우리가 좋은 부모가 되는 것일지도 모른다는 생각이 듭니다.

　반대로 좋은 자식을 두기 위해서는 내가 좋은 자식이 되어야 한다는 생각도 합니다. 아이들이 잘 보고 배울 수 있도록 나의 모습을 만들어 나가야 할 겁니다. 우리는 부모님과 우리의 자식들을 비추고 있는 거울이기 때문입니다. 우리는 부모님의 모습을 아이들에게 비추어주고 아이들의 모습을 부모님께 비추어주는 거울입니다.

① 내리사랑　親から子、目上の人から目下の人への愛情
② 묻다　埋める
③ 고아　孤児
④ 미망인　未亡人
⑤ 과부　寡婦
⑥ 홀아비　男やもめ
⑦ 어쩔 수 없다　どうしようもない

33.
자식(子息) : 子、息子
곁에 있는 것만으로도 큰 행운   側にいるだけでも大きな幸運

 자식이라는 말은 아들을 의미하는 말이면서 아들과 딸을 의미하기도 합니다. 딸만을 가리킬 때는 ①여식이라고 해야 합니다. 영어의 맨(man)처럼 남자가 ②대표성을 띠고 있는 단어라고 할 수 있지요. 내게는 자식이 둘 있습니다. 둘 다 아들입니다.

 나는 자식에게 무엇을 바라고 있을까 생각해봅니다. 많은 사람들이 자식에게 바라는 것이 있을 것입니다. 자식을 잃은 사람은 '자식이 살아 있었으면', 자식이 아픈 사람은 '자식이 운동장을 뛰어다닐 수만 있다면', 자식이 건강하면 '공부를 잘했으면', 공부를 잘하면 '부모님 말씀을 잘 들었으면', 부모님 말씀을 잘 듣는다면 '좋은 사람과 결혼했으면'을 원하겠지요. 원하는 정도가 점점 강해지고, ③실망도 그만큼 커지는 것 같습니다. 혹시 자식이 실망스럽습니까? 나는 반대로 생각하려고 노력합니다. '그래도 다행이다.'라는 생각을 합니다. 아이가 건강한 것만으로도 큰 행복이라는 것, 아이가 살아서 곁에 있는 것만으로도 큰 행운이라는 것을 생각합니다. 잠자는 두 아들의 손을 꼭 ④쥐어 봅니다.

---

① 여식(女息) 娘
② 대표성 代表性
③ 실망 失望
④ 쥐다 握る

34.
유산(遺産) : 遺産
평생 준비해야 이루어지는 것 生涯かけて準備しないと築けないもの

　재산을 남기는 것, 누구에게 무언가를 ①물려준다는 의미입니다. 최근의 유산 물려주지 않기 운동이나 유산 물려받지 않기 운동은 어려운 결심을 요구합니다. 사실 유산은 물려주지 않기보다 물려받지 않기가 더 어려운 것 같습니다. 내게 주겠다고 하는 재산을 ②거부할 수 있는 용기는 매우 ③위대한 것입니다.

　우리가 물려주는 것은 재산만이 아닐 것입니다. 재산은 물려주지 않더라도 무엇인가는 물려주어야 할 것입니다. 아니, 내가 원하지 않더라도 나는 무엇인가를 물려주게 될 것입니다. 무엇을 물려주어야 할까요? '기억'. 우리는 원하든 원하지 않든 나에 대한 기억을 물려주게 될 것입니다. 아버지에 대한 좋은 기억은 아이가 살아가는 데 필요한 힘이 될 것입니다. 따뜻한 미소, 세상을 사랑하는 마음, 긍정적인 생각, 강한 의지. 나는 물려주고 싶은 유산이 너무나 많습니다.

　그러나 유산은 ④하루아침에 만들어지는 것이 아닙니다. 유산은 평생 준비해야 이루어지는 것입니다. 제가 말하는 유산도 아이가 어릴 때부터 보여주고 느끼게 해야 하는 것입니다. 오늘도 아이에게 물려줄 유산을 준비합니다. 기쁘게, 그리고 ⑤정성껏.

---

① 물려주다　(財産などを)遺す、受け継がせる
② 거부하다　拒否する
③ 위대하다　偉大だ
④ 하루아침　一朝一夕、わずかな時間で
⑤ 정성껏　真心を込めて、誠意を尽くして

35.
식구(食口) : 家族
밥을 가장 맛있게 먹을 수 있는 사람　ご飯をいちばんおいしく食べられる相手

　보통 가족이라는 말 대신에 사용하는 말입니다. 그런데 가족이라는 말보다는 어쩐지 ①친근감이 느껴지는 단어인 것 같습니다. 식구가 몇 명이냐는 말은 함께 '먹는 입'이 몇 명이냐는 뜻이겠지요? 아마도 '밥' 이야기가 나와서 조금 더 가깝게 느껴지는 것 같다는 생각이 들었습니다. '②한솥밥을 먹는다'는 말만큼 ③동질감을 느끼게 하는 말도 없는 것 같습니다. 우리나라 사람들이 자주 하는 인사 중에 '식사하셨습니까?'가 있습니다. 또 헤어질 때 하는 인사말로 '다음에 식사나 같이 합시다.'라는 표현이 있습니다. 한국 사람에게는 '식사'를 같이 한다는 것이 가깝다는 것을 의미합니다.

　사람들과 식사를 같이 하면서 가까움을 느낀다는 말은 맞는 것 같습니다. 그런데 억지로 만날 때는 종종 ④체할 뻔하거나 진짜 체하는 경우도 있습니다. 밥을 같이 먹을 때 맛있게 먹을 수 있는 사람들이 있다는 것은 행복한 것입니다. 밥을 가장 맛있게 먹을 수 있는 사람들이 바로 '식구'인 것입니다. 밖에서 먹는 ⑤진수성찬보다 집에서 끓여 먹는 라면이 맛있고 된장찌개가 맛있습니다. 그 이유는 그곳에 식구가 있기 때문이라고 생각합니다.

　식구들 중에서도 같이 먹으면 밥맛이 더 좋아지는 사람은 보통 아내가 아닐까 합니다. 내 입맛을 가장 잘 아는 사람, 오늘 나의 입맛을 가장 잘 아는 사람이 아내가 아닐까요? 그래서 우리는 아내를 부를 때 '집식구'라는 말을 사용하는 것 같습니다. 우리 '집식구'와 평생 맛있는 식사를 하고 싶습니다.

① 친근감　親近感、親しみ
② 한솥밥을 먹다　同じ釜の飯を食べる
③ 동질감(同質感)　共感
④ 체하다　消化不良を起こす、(胃)もたれる
⑤ 진수성찬　ごちそう

36.
불초(不肖) : 不肖
부모를 닮는 것, 자식을 닮게 하는 것　親に似ること、子どもを似させること

　불초는 부모를 닮지 못한 자식이라는 뜻으로, 부모를 닮지 못한 것을 후회하는 마음이 나타나는 말이라 할 수 있습니다. 그렇지만 사실 이 말은 자식의 입장에서 보다는 부모의 입장에서 생각해 볼 점이 더 많은 것 같습니다. 자식에게 나는 과연 닮을 만한 존재인가? 나의 어떤 점을 닮으라고 요구할 수 있을까? 많은 반성이 필요한 어휘입니다.

　부모들은 종종 '어디서 저런 아이가 태어났을까?' 하고 자식에게 심한 말을 합니다. 자기 자식인데도 '내가 저걸 낳고 ①미역국을 먹었나!' 하기도 합니다. 모두 해서는 안 되는 말입니다. 자식들은 부모를 닮지 못해서 죄송한 것이지만, 부모는 닮을 점이 적어 부끄러워야 하는 것입니다. 또한 닮게 가르치지 못한 것도 미안하게 생각해야 하는 것입니다.

　자식은 자연스럽게 부모를 닮습니다. 걸음걸이도 닮고, ②식성도 닮습니다. ③위장병 ④유전이 아니라 집안의 ⑤식습관 때문이라는 말도 ⑥일리가 있습니다. 많은 병들은 닮아서 생기는 것입니다. 집안이 음식을 짜고 달게 먹어서 생기는 것이기 때문입니다.

　어떤 경우에는 부모에게 ⑦반발하기 위해 닮지 않으려고 노력하는 경우도 있습니다. 반대로 나가려고 하는 모습을 보면 내가 지난 시절 했던 일인 경우가 많습니다. 그리고 언젠가는 내가 그랬던 것처럼 다시 ⑧원래대로 돌아올 것입니다. 다시 묻습니다. 나는 어느 부분을 닮을 만한가?

---

① 미역국　わかめスープ(誕生日に必ず食べる食べ物で、子供の誕生を祝い、また成長を願う意味が込められている)
② 식성　食べ物の好み
③ 위장병　胃腸病
④ 유전　遺伝
⑤ 식습관　食習慣
⑥ 일리가 있다　一理ある
⑦ 반발하다　反抗する、反発する
⑧ 원래대로　元通りに

37.
효(孝) : 親孝行
천한 일도 직접 하는 것　卑しいことも自分でやること

　효라는 글자를 보면 아들이 노인을 업고 있는 모습입니다. 예전에 ①남아선호사상이 대단하던 시절에 유행하던 농담으로 '아들은 나중에 국내여행을 시켜드리고 딸은 해외여행을 시켜드린다.'라는 말이 있었습니다. 그럼에도 아들을 선호하는 ②풍조는 크게 달라지지 않았던 것으로 기억합니다.

　효는 돈으로 하는 것이 아닙니다. 효의 시작은 몸을 다치지 않는 데서 시작하고, 효의 마지막은 이름을 날리는 데 있다는 말은 옳은 말입니다. 부모의 입장에서 보면, 자식이 아픈 것만큼 고통스러운 것이 없고 자식이 ③칭찬받고 존경받는 것만큼 기쁜 일이 없을 것이기 때문입니다.

　하지만 자식의 입장에서 효는 어떤 것일까요? 나는 효의 근본을 '효'라는 글자에서 봅니다. 부모님을 직접 몸으로 업고 모시는 데에서 진짜 효의 의미를 봅니다. 효는 마음으로 하는 것이 아니라 몸으로 하는 것입니다.

　조선 후기의 ④채제공 선생은 ⑤도승지의 자리에 있을 때, ⑥조정에서 돌아오면 ⑦조복을 벗고 ⑧땔감을 가지고 가서 아버지의 방에 ⑨불을 땠다고 합니다. ⑩하인들이 있는데도 직접 한다는 것을 보면서 반성이 많이 되었습니다. 예전에는 방에 불을 때고 방바닥 온도를 살피고 마실 물을 놓아드리는 것이 효의 기본이었을 겁니다. '안녕히 주무세요.', '안녕히 주무셨어요?'라는 인사는 그래서 더욱 정겹습니다.

　우리는 물질적으로 조금만 여유가 생기면 사람을 써서 효를 대신하게 하고, 조금만 지위가 높아지면 바쁘다는 이유로 부모님을 자주 뵙지 않습니다. 그러면서 직접 한 일도 없이 효도했다고 생각합니다. 효라는 글자를 가만히 들여다봅니다. 효도는 중요하지 않아 보이는 일도 직접 하는 것입니다.

① 남아선호사상(男兒選好思想) 女児より男児が生まれることを好ましいと思う思想
② 풍조 風潮
③ 칭찬(을) 받다 褒められる
④ 채제공 18世紀朝鮮王朝時代を代表する臣下の一人
⑤ 도승지 朝鮮時代の承政院の首席の官職
⑥ 조정 朝廷
⑦ 조복(朝服) 官吏らが朝廷で行われる祝賀の儀式のときに着る服
⑧ 땔감 薪
⑨ 불을 때다 火をたく、くべる
⑩ 하인 召使

38.
이웃사촌(--四寸) : 隣人
친 형제 다음으로 가까운 사람　実の兄弟の次に近い人

　이웃에 사는 사람이 먼 친척보다 낫다는 의미로 우리는 '이웃사촌'이라는 말을 씁니다. 사실 오랜만에 만나는 친척보다 자주 보는 이웃과 할 이야기도 많고 도울 일도 많습니다. 이웃과 친하게 지내야 할 이유가 가까이 있기 때문이기도 합니다.

　요즘에는 이웃사촌도 많이 줄어들고 있습니다. 이웃사촌은커녕 이웃 ①팔촌도 별로 없습니다. 내가 먼저 마음을 열고 싶지만, 만남이라는 게 한쪽만의 노력으로는 어렵습니다. ②사생활 보호라는 단어가 만들어 놓은 높은 벽을 봅니다.

　그런데 이웃사촌이라는 단어는 다른 의미에서 우리를 반성하게 합니다. 이웃사촌이라는 말은, 친형제들보다는 가깝지 않지만 그 외에는 가장 가깝다는 의미를 담고 있기도 합니다. 이 말은 거꾸로 형제간의 소중함도 보여주는 것 같아서 가슴이 아픕니다. 이웃보다도 사이가 좋지 않은 형제가 많기 때문입니다.

　이웃도 사촌처럼 가깝고 이웃에게는 내 이야기를 다 ③털어놓을 수도 있는데, 사람들은 형제와 ④담을 쌓고 삽니다. 형제가 멀어지는 것은 참으로 가슴 아픈 일입니다. 가장 큰 불효이기도 하고요.

① 팔촌　8親等(他人と変わらないほど血縁関係が遠い親戚)
② 사생활 보호　私生活の保護、プライバシーの保護
③ 털어놓다　打ち明ける
④ 담을 쌓고 살다　壁を作って暮らす

39.
덕분(德分) : おかげ
덕을 나누어주는 것　徳を分け与えること

'덕분'이라는 말은 이유를 나타내는 말로서 '때문'과 비슷하게 사용됩니다. 그런데 '덕분'에는 ①긍정적인 느낌이 있는 반면에, '때문'은 ②중립적인 느낌이며 때로 부정적인 느낌이 들 때도 있습니다. 이러한 느낌의 원인에 대해서 생각해본 적이 있는데 그 이유가 ③분명하지는 않습니다. '선생님 덕분에 한국어 실력이 많이 좋아졌습니다.'라는 인사는 듣기 좋지만 '선생님 때문에'라는 말은 특별한 이유 없이 기분이 ④언짢습니다.

그러던 어느 날 '⑤나눔'에 대한 글을 읽으면서 '덕분'이라는 말이 떠올랐습니다. 덕분이라는 말의 의미가 '덕을 나누어 준다'는 것이어서 당연히 좋은 느낌을 준다는 것을 깨닫게 되었습니다. 누군가가 내게 나누어 준 덕에 감사하는 마음으로 인사를 하는 것이 '덕분에'라는 말입니다. 따라서 이러한 인사를 할 때는 내게 나누어 준 그분의 덕을 떠올려야 할 것입니다.

한국어에서 '덕분에'라는 말은 사람뿐만 아니라 자연에 대해 쓰이기도 합니다. '좋은 날씨 덕분에', '아름다운 강물 덕분에'라는 말 속에는 우리에게 덕을 말없이 나누어 주고 있는 자연에 대한 감사가 담겨 있습니다.

그리고 또 이런 생각을 해 봅니다. 내가 '덕분에'라는 인사를 받았을 때, 나는 과연 어떤 덕을 나누어 주었는지 생각해야 합니다. 내가 받을 수 있는 인사인지, 자연처럼 나도 말없이 덕을 나누어 준 것인지, 아니면 여러 가지 조건이 있었는지 반성해 봅니다.

가능하다면 나와 덕을 조용히 나눌 수 있는 사람들이 많아지기 바랍니다. 그리고 나도 그런 사람이 되기를 기원합니다.

① 긍정적　肯定的
② 중립적　中立的
③ 분명하다　明らかだ
④ 언짢다　不快だ
⑤ 나눔(나누다 + '-ㅁ')　分かち合い

40.
내일(來日) : 明日
누구나 살고 싶어하는 하루   誰もが生きたいと思う一日

'우리에게 내일은 없다.'라는 말이 있습니다. 한국 ①고유어에 '내일'에 해당하는 말이 없다는 점에서 이것은 맞는 말이라고도 할 수 있습니다. ②고려 시대의 ③『계림유사』에는 '올제' 정도로 읽을 수 있는 한자어가 '내일'의 고유어로 소개되어 있습니다. 아마도 '어제, 그제, 이제' 등을 생각해 보면 '다가올 날'을 의미하는 말인 것 같습니다. '어제', '오늘'은 있는데 '내일'에 해당하는 고유어가 없는 이유는 뭘까요? 기독교나 불교와 관련된 책을 보아도 내일보다는 현재의 중요성을 이야기하는 경우가 많습니다.

한국의 속담에는 '④개똥밭에 굴러도 이승이 낫다.'라는 말이 있습니다. ⑤내세보다는 ⑥현세적 삶의 태도를 나타낸 것이겠지만, 결국 이 말도 현재의 중요성을 말하는 것이라고 생각합니다.

이러한 말들은 내일을 계획하지 말라는 의미가 아니라 현재에 보다 ⑦충실해야 한다는 이야기가 될 것입니다. 오지 않은 미래를 믿지 말라는 말도 같은 의미입니다. 물론 계획은 중요합니다. 하지만 미래는 현재의 충실한 생활 없이 이루어지지 않습니다. 현재의 충실한 생활은 미래를 위해 잘 세운 계획입니다. 오늘의 내 모습이 중요한 것입니다.

'오늘 나의 하루는 그 누군가 매우 살고 싶어 하던 하루였다.'라는 말. 가슴 아픈 말이면서 동시에 책임도 무겁고 소중함도 가득한 말인 것 같습니다.

---

① 고유어 固有語
② 고려 시대 高麗時代
③ 『계림유사』『鶏林類事』高麗時代に中国人が高麗について書いた本。「鶏林」は当時の朝鮮を意味する。
④ 개똥밭에 굴러도 이승이 낫다
〔諺〕犬の糞の上で転んでもこの世がよい(どんなに苦労しようと死ぬよりは生きているほうがいい)
⑤ 내세 来世
⑥ 현세적 現世的
⑦ 충실하다 忠実だ

41.
무지개 : 虹
나만의 색을 찾는 곳　自分だけの色を探す所

　무지개는 비 갠 하늘 위에 생기는 ①신비로운 현상입니다. 일곱 빛깔 무지개를 통해서 우리는 상상의 날개를 펴게 됩니다. 무지개가 뜨는 곳에는 누가 사는지, 무엇이 있는지 이러한 궁금증이 수많은 신화와 ②설화를 만들어 내는 것 같습니다. 지금도 비가 갑자기 내리면 무지개가 기다려지고 무지개를 만나면 하루가 왠지 즐겁습니다. 무지개를 본 자랑만큼 신나는 자랑도 없습니다.
　③몽골 사람들은 한국 사람을 '솔롱거스'라고 합니다. 몽골말로 '솔롱가'가 무지개이기 때문에 몽골 사람들은 한국인이 무지개가 뜨는 곳에 산다고 생각합니다. 한국인들은 이 말을 듣고 '몽골 사람들이 우리를 좋게 생각하나 보다.' 하고 생각하게 되는데, 이 역시 무지개에 대한 한국인의 태도를 반영합니다.
　그런데 무지개는 일곱 가지 색깔이 맞을까요? ④오색 무지개로 표현하는 나라가 있는가 하면, 어떤 언어에서는 밝은 색과 어두운 색 두 가지로만 나누는 경우도 있다고 합니다. 언어가 우리의 사고를 결정하고 ⑤규격화한다는 좋은 예를 볼 수 있습니다. 우리를 규격화하는 수많은 언어 현상이 있습니다. 푸른 하늘과 푸른 산, 푸른 바다는 같은 색이 아닌데도 모두 '푸르다'고 합니다. 우리는 쌀을 '⑥모, ⑦벼, 쌀, 밥'으로 다르게 부르지만 이러한 구별이 없는 나라도 많습니다.
　무지개를 나의 눈으로 보려고 노력해 봅니다. 일곱 가지 색이 아니라 그 속에 숨어 있는 수많은 색깔을 봅니다. 또 내가 이름 붙인 수많은 나만의 색을 만들어봅니다. 내 마음속에 나의 무지개를 띄워 봅니다.

① 신비롭다　神秘的だ
② 설화　説話(神話・伝説・昔話などの総称)
③ 몽골　モンゴル
④ 오색　五色
⑤ 규격화　規格化
⑥ 모　苗
⑦ 벼　稲

42.
시각(視角) : 視角
세상을 보는 나의 관심　世間をみる私の関心

'보는 ①각도'라는 의미의 단어입니다. 시각이 다르다고 하면 주로 보는 ②관점이 다르다는 말이 됩니다. 관점은 ③시점과 유사한 말이어서 시점이 같아도 시각은 다를 수 있습니다. 같은 곳에서도 더 넓게 보는 사람이 있고, 더 좁게 보는 사람이 있을 수 있습니다.

시각은 크게 동양인과 서양인이 다르고, 같은 동양인이라도 민족에 따라 다르고, 지역에 따라 다릅니다. 더 정확하게는 개개인마다 다르다고 해야 할 것입니다. 선생의 시각과 학생의 시각이 다르고, 부모와 자식 간의 시각이 다릅니다. 이때는 관점의 차이도 있겠지만 각도의 차이가 있을 수 있습니다.

시각은 살아온, 살아갈 시간에 따라서도 달라집니다. 어떤 이는 ④고집이 세고 어떤 이는 ⑤우유부단합니다. 모두 시각의 ⑥편협함이나 ⑦경계 ⑧불분명함을 표현하는 것입니다. 시각에는 관심도 포함됩니다. 같은 영화를 보더라도 주인공에게 관심이 있는 사람과 영상에 관심이 많은 사람의 감상이 다릅니다. 음악에 관심 있는 사람과 이야기에 관심 있는 사람, 액션에 관심 있는 사람과 사랑에 관심 있는 사람 모두가 똑같은 영화를 보았다고 해서 똑같은 평가를 내리기는 어렵습니다.

시야라는 말도 있습니다. 여행을 하고 났더니, 책을 읽고 났더니, 어떤 선생님을 만났더니 ⑨시야가 넓어졌다는 말을 합니다. 경험과 관계는 사람들의 시야를 넓혀 줍니다.

상대방의 시점을 이해하는 일, 나의 시각을 크게 하는 일 그리고 시야를 넓히는 일은 모두 나를 키우고 깨달음을 갖게 하는 일이라는 생각을 합니다.

① 각도　角度
② 관점　観点
③ 시점　視点
④ 고집이 세다　意地っ張り、我が強い
⑤ 우유부단　優柔不断
⑥ 편협하다　偏狭だ
⑦ 경계　境界
⑧ 불분명하다　不明瞭だ
⑨ 시야가 넓어지다　視野が広がる

43.
재미 : 面白み、面白さ
재미없는 인생은 큰 불행　面白くない人生は大きな不幸

　　가르치는 일을 하면서 내가 제일 중요하게 생각하는 것은 '재미'입니다. 수업이 재미없으면 내용이 아무리 좋아도 좋은 수업이라고 하기 어려울 것입니다. 한국 사람들의 특성을 생각하면서 '한국 사람들은 무엇을 좋아할까?' 하는 생각을 한 적이 있습니다. 그때 떠올랐던 단어가 바로 '재미'입니다. '너 재미없을 줄 알아!'라는 말만큼 무서운 말이 없습니다. 재미없는 인생만큼 불행한 것이 없는 것 같습니다. 앞으로 사는 재미가 없다면 얼마나 삶이 힘들까 하는 생각을 했습니다.

　　우리는 신혼부부에게 '요즘 신혼 재미가 어때?'라고 묻기도 합니다. 또한 사업을 하는 사람들에게 '요즘 재미가 좋은가 봐요?'라는 인사를 하기도 합니다. 그만큼 우리는 '재미'를 중요하게 생각하고 좋아하는 것 같습니다. '재미있다'라는 말 대신에 사용하는 '재미가 좋다'라는 말도 참 ①<u>정겹습니다</u>. '재미가 나쁘다'라는 말은 사용하지 않는데, 그건 '재미'는 없을 수는 있어도 나쁜 것은 없기 때문이 아닌가 하는 생각을 합니다.

　　그런데 재미는 단순히 흥미만을 의미하는 것은 아닌 것 같습니다. 의미 있는 일들을 했을 때도 우리는 참 재미있었다는 말을 하곤 합니다. 영화도 ②<u>자극적인</u> 영화보다 의미 있는 영화를 보고 '재미'를 이야기하는 것 같습니다. 따라서 어떤 경우에는 혼자서 조용하게 있는 경우에도 '재미있다'는 말을 하게 됩니다. 남들이 볼 때는 지루할 것 같은 순간이 내게는 재미있는 시간이 되기도 하는 것입니다.

　　앞으로 모두에게 사는 재미가 더 있었으면 합니다. 특별히 의미 있는 재미가 더 있었으면 합니다.

---

① 정겹다　親しみを感じる、情がこもった　　② 자극적　刺激的

44.
버릇 : 癖
없는 것보다는 있는 것이 좋은 습관　ないよりはあった方がいい習慣

'버릇은 있는 것이 좋은가, 없는 것이 좋은가?'라는 질문에 대답하기는 쉬울지 모릅니다. 왜냐하면 한국어에서 '①버릇없는 놈'이라는 말은 어른들이나 다른 사람에게 예의가 없는 사람이라는 뜻이기 때문입니다. 따라서 자식이 버릇없는 아이로 자라기를 바라지 않을 것이고, 자신도 버릇없는 사람이 되기를 바라지는 않을 것입니다.

나는 이 말을 보면서 버릇이 없는 사람이 나쁜 사람이라면, 어떤 버릇이 있어야 좋은 사람일까 생각해 보았습니다. 버릇이라는 말은 '습관'이라는 말과 비슷하게 쓰이는 말인데, 왜 ②일정한 습관이 없는 사람들을 예의 없는 사람이라고 하는 것일까요? 반대로 어떤 습관이 있어야 예의 있는 사람이 될까요? 예의도 습관이라는 생각이 들었습니다. '③세 살 버릇 여든까지 간다.'라는 속담이 있습니다. 이때의 '버릇'도 단순한 습관이라기보다는 '예의'라고 보는 것이 맞을 것입니다. 어릴 때부터 익숙해진 예의가 중요하다는 말일 것입니다. '내가 배워야 할 것은 유치원에서 다 배웠다'는 말도 어린 시절의 예의 교육이 중요함을 나타내는 말일 것입니다.

한국 사람들에게 예의는 좋은 습관이라는 생각이 있는 것 같습니다. 아침에 일어나면 먼저 어른의 ④안부를 묻는 습관, 먼 곳에 떨어져 살면 항상 전화를 드리거나 편지를 쓰는 습관, 가까운 친척들이나 친구들의 안부를 걱정하는 습관, 어른들의 건강을 늘 ⑤챙기는 습관. 모두 필요한 습관이고 아름다운 습관입니다. 여러분에겐 지금 어떤 아름다운 습관이 있습니까?

① 버릇없다　無作法だ、礼儀をわきまえない
② 일정하다　一定した
③ 세 살 버릇 여든까지 간다
　〔諺〕三歳の癖が80歳まで続く(幼いころの
　性格は年をとっても変わらない)
　≒三つ子の魂百まで
④ 안부를 묻다　安否を尋ねる
⑤ 챙기다　気を遣う、世話する

45.
짜증 : 癇癪(かんしゃく)
자신을 쥐어짜는 병 自分を苦しめる病

　짜증도 병입니다. ①우울증이나 ②의처증처럼 짜증도 병이라는 생각이 듭니다. 짜증의 '증'도 ③증세를 나타내는 말이 아닐까 하는 생각을 해본 적이 있습니다. 우울해지는 병이나 부인을 ④의심하는 병처럼 짜증은 자신을 '⑤쥐어짜는' 병이라는 생각이 듭니다. 어간에 '-증'이 결합하는 구성이 낯설어 보이지만, 어떤 일을 오래 해서 싫어하게 되는 증세가 '싫증'이므로 가능한 구성으로 보입니다.

　아무튼 ⑥강박관념처럼 완벽해지기를 원한다든지, 빨리 일을 마치고 싶어 한다든지, 자신의 마음대로 다른 사람을 움직인다든지 해서 자신의 마음에 벽을 만들어 놓고 짜증을 내게 됩니다. 짜증을 내면 마음만 쥐어짜는 것이 아니라 얼굴도 쥐어짜는 것 같습니다. 당연히 얼굴을 ⑦찌푸리게 되는 것입니다. 인상을 쓰는 것은 얼굴의 피부를 짜고 있는 것일 테니 말입니다.

　짜증이라는 것이 병이라면 ⑧치유의 방법도 생각해 보아야 할 것 같습니다. 짜지 말고 펴는 일, 내 마음 속에 다른 사람의 공간을 마련하는 일, 밝은 표정을 지으려고 노력하는 일은 모두 치유의 방법이 될 수 있을 것입니다. 일에서 짜증만큼 해로운 것이 없습니다. 이것은 비판과도 다르며, 무엇을 해결하려는 아름다운 도전도 보이지 않습니다. 자신을 쥐어짜서 병을 만들지 말아야 하겠습니다.

　나도 모르는 사이 인상을 쓰고 있지는 않은지, 주변 사람들에게 ⑨말을 툭툭 던지고 있지는 않은지 반성해 봅니다. '얼굴 좀 펴라'라는 말을 스스로에게 해 봅니다. 웃음이 나옵니다.

---

① 우울증　うつ病
② 의처증　疑妻症(妻の浮気を疑う病的な症状)
③ 증세　症状
④ 의심하다　疑う
⑤ 쥐어짜다　しぼる、ねじる
⑥ 강박관념　強迫観念
⑦ 찌푸리다　(顔を)しかめる
⑧ 치유　治癒
⑨ 말을 툭툭 던지다　ずけずけと言う

46.
마중 : 出迎え
사람을 만나는 일　人に会うこと

　마중은 사람을 맞이하는 것입니다. '맞다'에 '-웅'이 붙어있는 단어입니다. 이 ①접사는 명사 뒤에도 붙기도 합니다. 대표적인 단어로는 '지붕'이 있습니다. 지붕은 '집'에 '-웅'이 붙어있는 것입니다.
　마중은 사람을 만나러 나오는 것이기 때문에 긴장과 그리움이 있는 행위입니다. 그래서 '②버선발로 뛰어나오다'라는 표현에서는 정이 느껴집니다. 조선시대의 이항복 선생이 ③스승을 맞이할 때 버선발로 뛰어나왔다는 글을 읽으면서 당연한 이야기라는 생각이 들었습니다. 스승이 오시는데 방에서 맞을 수는 없으니까요. '맞다'와 관련되는 단어로는 '마주'가 있습니다. 마주는 '맞다'에 '-우'가 붙어 있는 단어입니다. '너무'가 '넘다'에 '-우'가 붙어있는 것처럼 말입니다.
　'맞다'와 관련 있는 단어 중에서 제 ④눈길을 끄는 것은 '만나다'입니다. '만나다'는 '맞나다'에서 변한 것입니다. 따라서 '맞다'는 만나는 것과 관련이 됩니다. 서로를 '맞이하는' 것이 만나는 것입니다. 서로를 그리워하고 마주하는 것이 만나는 것이고, 이를 위해 준비하는 것이 마중인 것입니다.
　예전에 우리는 마을 입구까지 마중을 나갔습니다. 저희 집에 가끔 외국 학생들을 초대하곤 하는데, 그때 저는 지하철역까지 마중을 가곤 합니다. 그러면 학생들이 놀라곤 하는데, 마중에는 이렇게 놀라움이 더해지기도 합니다. 언제부터인가 우리는 행위를 형식적으로 합니다. 마중의 거리도, 시간도 짧아지고 있습니다. 그냥 집에서 기다리는 경우도 많아졌습니다. 조금 더 빨리 만나기 위해서, 찾는 길을 돕기 위해서 마중을 소중히 하면 좋겠습니다.
　'만나다'를 '⑤맛나다'와 연결하여 쓴 글을 본 적이 있는데, '맛난 만남'이라는 표현이 기분 좋게 다가옵니다. 사람들과 맛나게 만나고 싶습니다.

① 접사　接辞(言葉の前や後ろにつき言葉の意味を変化させたり補ったりする)
② 버선발로 뛰어나오다　ポソン(朝鮮足袋)のまま飛び出す
③ 스승　師匠、先生
④ 눈길을 끌다　目を引く
⑤ 맛나다　おいしい

47.
배웅 : 見送り
아쉬움이 있어야 하는 행위 名残があるべき行為

   배웅은 손님을 따라 나가며 ①작별 인사를 하는 것입니다. 사람들 중에는 종종 마중과 헷갈려하며, 배웅이라는 말을 써야 하는 자리에 마중이라 하는 경우가 있습니다. 마중은 '맞 + 웅'의 구조로 되어있는 말로서 '맞이한다'는 의미이며, 배웅은 잘 '보낸다'는 의미를 담고 있습니다.

   예전에는 손님이 왔다가 돌아갈 때, 마을 입구까지 나가서 배웅을 하기도 했습니다. 집 밖에서 배웅을 할 때는 손님의 모습이 사라진 후에도 한참 동안 자리를 뜨지 못했습니다. 계속 손을 흔들면서 서있는 모습에서 정이 느껴집니다. 배웅에는 아쉬움이 있어야 한다는 생각입니다.

   물론 예전에는 이번의 이별이 다시 만남을 ②보장하지 못한다는 점에서 아쉬움이 컸을 수도 있습니다. 공항에서의 이별을 생각해보면 더욱 그렇습니다. 해외로 유학을 가거나 취업을 위해 떠나는 가족이나 친구 앞에서 ③한없이 눈물이 흘렀습니다. 다시 못 본다는 생각에 공항은 ④눈물바다였습니다.

   학교 앞에 자주 가는 음식점이 있는데, 그 집의 주인아주머니는 꼭 문밖에까지 나와서 배웅을 합니다. 형식이 되어버린 우리들의 배웅을 반성하게 하는 모습입니다. 돈을 받고 음식을 제공하는 관계에 그런 인사가 필요할까 생각하지만, 내 음식을 맛있게 먹어준 이에게 감사의 배웅은 필요한 것입니다. 물론 떠나는 손님도 맛있는 음식에 대한 감사 인사는 자연스러운 것입니다.

   아파트에 살면서 배웅이 짧아졌습니다. 문밖에서 인사하고 철문을 닫을 때면, 내 마음을 닫는 것 같아서 부끄럽습니다. 처음에는 1층까지 내려가 인사를 했었는데 이제는 내려가는 경우가 적어졌습니다. 나의 배웅에는 아쉬움이 있는가 하고 반성해 봅니다.

---

① 작별　別れ
② 보장하다　保障する
③ 한없이　とめどなく
④ 눈물바다　涙の海

48.
객관적(客觀的) : 客観的
손님의 눈으로 보는 것 客の目で見ること

   객관은 손님의 입장에서 살펴보는 것입니다. ①주관이라는 단어는 주인의 입장에서 보는 것이라고 할 수 있습니다. 우리는 보통 어떤 대상을 판단할 때 객관적으로 봐야 한다고 말합니다. 저는 객관적인 것이 ②이성적인 것이라고 생각해 왔습니다. 그리고 이성적인 것이 좋은 것이라고 생각했습니다. 감정이 들어가지 말아야 할 때는 손님의 눈으로 판단하는 것이 옳을 수 있습니다. 한쪽 ③편을 들 필요가 없기 때문입니다. 어차피 나는 손님이니까요.
   하지만 가족이나 친구를 바라볼 때는 손님의 입장이 되어서는 안 된다는 생각이 들었습니다. 굳이 이야기하자면 '객관'은 손님이나 할 일이지 가족이 해서는 안 되는 것입니다. 가족이 누군가와 다투었을 때, 객관성을 유지하는 사람들이 있습니다. 남편이나 아내가 다른 사람에 대해서 화를 낼 때 객관성을 유지하는 경우가 있습니다. 내가 손님이 아니라면, 그것이 객관적이지 않더라도 가족의 편을 들어주어야 합니다. 친구의 편을 들어주어야 합니다. 조금은 ④비합리적이더라도 같이 ⑤맞장구쳐 주어야 하고 같이 화를 내 주어야 합니다. 같이 욕도 해 주어야 할 겁니다. 평소에 욕을 잘 하지 않는 사람이라도 말입니다. 그리고 시간이 좀 흘러 감정이 가라앉았을 때, 조금씩 이야기해도 늦지 않을 겁니다.
   난 그동안 손님의 눈으로 가족을 보면서 스스로를 이성적이라고 생각해 오지 않았을까 돌아봅니다. 가족이나 친구를 판단할 때, 내가 손님이 아니라는 생각을 먼저 해야 할 것 같습니다. 부모 자식 간에 서운한 것도, 형제끼리 서운한 것도, 친구끼리 서운한 것도 다 편을 들어 주지 않았기 때문입니다.
   '그래도 당신은 내 편일 거라고 생각했어요.'라는 말이 아프게 다가옵니다. 여러분은 누구 편입니까?

① 주관 主観
② 이성적 理性的
③ 편을 들다 肩を持つ、味方する
④ 비합리적 非合理的
⑤ 맞장구치다 相づちを打つ

49.
잘 : よく
시간과 정성이 필요한 것　時間と真心が必要なこと

　'잘'한다는 것은 무엇을 의미할까요? 한국어에서 '잘'은 여러 가지 의미로 사용되고 있어서 한국어를 공부하는 외국인들에게는 매우 어렵습니다. '노래를 잘 부른다, 그림을 잘 그린다'에서처럼 '좋게, ①뛰어나게'의 의미가 있기도 하고, '극장에 잘 간다, 잘 웃는다'에서처럼 '자주'의 의미도 있습니다. 또한 '잘 생각해 봐, 잘 준비해 봐'에서처럼 '깊이, 정성껏'의 의미를 갖고 있기도 합니다. 이러한 의미들은 서로 관련이 있습니다. 즉, '자주, 정성껏 하면 잘 할 수 있다'는 평범한 ②진리가 '잘'의 의미에서 발견되는 것입니다.

　어떤 일을 잘 하려면 '시간'이 필요합니다. 한 번에 모든 것을 해결하려는 ③조급함으로는 일을 잘 할 수 없을 것입니다. ④능숙해지려면 그 일을 자주 해야 하는 것입니다. 또 어떤 일을 잘 하려면 ⑤대충 끝내려고 해서는 안 됩니다. 깊이 생각하고, 정성껏 노력할 때만 성공적으로 일을 끝낼 수 있을 것입니다. 생활의 ⑥달인, 퀴즈의 달인 등 TV 프로그램에서 나오는 달인의 모습도 '잘'의 결과라고 할 것입니다. ⑦피땀을 흘린 결과라고 할 수 있습니다. 어떤 일에 ⑧숙달된 사람이 달인입니다. ⑨천재는 노력과 ⑩영감이 합쳐져서 이루어지지만 달인은 어떤 일을 몇 십 년 동안 반복하면서 잘 할 수 있게 된 능력을 가진 사람입니다. 사실 모든 사람이 자기 분야에서는 '달인'이 되어야 할 것입니다.

　어떤 일을 잘못했을 때 우리는 '앞으로는 잘 할게요.'라는 말을 합니다. 되돌아보니 한 해 동안 잘못한 일이 참 많습니다. 후회는 나를 과거에 묶어두는 것. 새해를 맞이할 때는 후회보다는, 나도 앞으로 잘 할 테니 너도 잘하라는 인사를 나누면 좋겠습니다. 우리 앞으로 '잘'합시다.

① 뛰어나다　優れる、秀でる
② 진리　真理
③ 조급하다　焦る
④ 능숙하다　うまい、熟練している、達者だ
⑤ 대충　ざっと、大まかに
⑥ 달인　達人
⑦ 피땀을 흘리다　血と汗を流す
⑧ 숙달되다　熟練した、上達した
⑨ 천재　天才
⑩ 영감　インスピレーション

50.
뵙다 : お目にかかる
상대에게 나를 보이는 것　相手に自分を見せること

'처음 뵙겠습니다.'라는 인사는 우리가 자주 하는 인사 중 하나입니다. 그런데 이 인사말이 재미있는 이유는 이 표현을 아랫사람이 '윗사람, 나이가 같은 사람, 모르는 사람'에게는 할 수 있지만 윗사람이 아랫사람에게 하지는 않기 때문입니다.

보통 윗사람은 '만나서 반갑다.' 정도의 인사를 합니다. 왜 그럴까 하는 생각을 하면서 '뵈다'의 느낌을 생각해 보게 되었습니다. '뵈다'는 '보이다'가 ①줄어든 말입니다. '보이다'는 ②피동과 ③사동의 모양이 같은 단어입니다. 다시 말해서 '보이다'는 나를 남에게 보게 하는 것이면서 동시에 내가 남에게 보이는 것이기도 합니다.

'뵙다'는 나를 '보여 드린다'라는 말을 정중하게 표현한 말이라고 할 수 있습니다. 따라서 윗사람이나 나를 잘 모르는 사람들에게 나를 보여 드린다는 뜻으로 이 말을 하는 것이라고 할 수 있습니다.

나는 이 말을 보면서 몇 가지 생각을 하게 되었습니다. 나를 보이는 행위이기 때문에 준비가 필요하다는 것입니다. 나의 가장 좋은 모습을 보이기 위해서, 첫 만남에는 많은 준비가 필요합니다. 나를 보이기 위한 어떤 준비를 하고 있는지 먼저 생각해 봅니다. 사실 이 말은 윗사람도 최소한 마음속으로는 생각해야 하는 말입니다. 나를 보이는 데에는 위아래의 구별이 없기 때문입니다.

나의 모습이 ④거만한 것은 아닌지, 나의 첫인상이 나쁘지는 않을지, 상대방에 대해서 나는 얼마나 알고 있는지 등 나의 모습을 보이기 위한 준비에는 많은 것이 필요할 것입니다.

---

① 줄어들다　縮む
② 피동　受動(他から動作・作用を及ぼされること)、受け身
③ 사동　使役(ある行為を他人に行わせること)
④ 거만하다　高慢、横柄だ

51.
말이 많다 : 口数が多い、口うるさい
하지 않는 것이 낫지 않을까 두려운 것　(言葉に)しない方がいいのではないかと恐れること

　말의 힘은 강합니다. '①태초에 말이 있었다.'라는 ②성경의 문장은 말의 중요성을 알 수 있게 합니다. 한 마디 말은 큰 힘이 되기도 하고, 큰 상처가 되기도 하는 것입니다.

　'말은 은이요, ③침묵은 금이다.'라는 표현은 말이 중요하지 않다는 것이 아니라, 말을 할 때는 말을 하지 않는 것이 낫지 않을까 하는 두려움을 가져야 한다는 의미라고 생각됩니다. 말을 하지 않는 연습도 필요합니다. 혼자 있을 때 말을 하지 않는 시간을 늘려보는 것도 좋습니다. 자꾸 전화를 하고 싶은 ④충동을 버리고 말과 간접적으로 만나게 되는 텔레비전 등의 기계들도 켜지 않는 연습을 해보면 말의 가치를 깨닫는 데 도움이 될 겁니다.

　'말이 많다'라는 표현은 쓸데없는 이야기를 많이 한다는 뜻으로 보입니다. 또 행동보다 지나치게 말이 앞선다는 의미도 갖고 있습니다. 또 불만이 많다는 의미로 쓰여 '왜 이렇게 말이 많아!'라고 표현하기도 합니다. '요즘 사람들 사이에서 말이 많다.'라고 하면 사람들이 불만스러워하거나 의심이 많다거나 소문이 좋지 않다는 의미가 됩니다. 이렇게 말이 많다는 것에는 많은 ⑤경계가 담겨 있습니다.

　난 요즘 내가 말이 많다는 생각을 합니다. 특히 말이 많은 사람과 만난 날이면, 그동안 내게 불편함을 느꼈을 사람들의 심정이 이해가 됩니다. 내 말이 상처가 되지 않기 위해서 침묵의 시간을 늘려야 할 것 같습니다. 그리고 조심스럽게 건네는 내 말이 다른 사람들에게 힘이 되기 바랍니다.

① 태초에 말이 있었다　始めに言葉ありき
　　(言葉は神であり、この世界の根源として神が存在するという意味。『新約聖書』より)
② 성경　聖書
③ 침묵　沈黙
④ 충동　衝動
⑤ 경계　警戒、戒め

52.
돌보다 : 面倒を見る
눈에 보이지 않는 것까지 잘 살피는 일   目に見えないものまでよく見る事

'돌보다'라는 말과 '돌아보다'라는 말은 ①합성어의 ②어근이 같다고 할 수 있습니다. 모두 '돌다'와 '보다'가 합쳐진 말입니다. 단어의 구조가 다른 것은 '돌보다'의 경우 ③비통사적 합성법이라고 해서 중간에 ④어미 '-아' 없이 합성되었기 때문입니다. 한국어에는 이런 비통사적 합성어가 많이 있습니다. '높푸르다(높다 + 푸르다), 오르내리다(오르다 + 내리다), 늦잠(늦다 + 잠)' 등이 그 예입니다.

'돌보다'는 보통 자식이나 학생들을 대상으로 사용하며, 잘 지켜본다는 의미를 갖고 있습니다. '보다'와 합성되는 단어들은 많습니다. '지켜보다, 살펴보다, 돌아보다, ⑤노려보다, 바라보다' 등 눈으로 보는 종류도 매우 다양합니다. 그런데 '지켜보다'나 '살펴보다'라고 하지 않고 '돌보다'라고 말하는 데에는 이유가 있다는 생각이 듭니다.

'돌아보다'라는 말은 뒤로 고개를 돌려서 본다는 의미를 갖고 있습니다. 또한 '돌아보다'는 '⑥과수원을 돌아보고 오다'와 같은 말에서처럼 '잘 살펴보다'라는 의미도 갖고 있습니다. '돌보다'라는 말은 고개를 돌려서 본다는 의미보다는 내가 그 주변을 자세히 돌면서 본다는 의미에 가깝습니다. 즉, 눈앞에 보이는 부분만을 살피는 것이 아니라, 눈에 보이지 않는 부분도 잘 살펴야 한다는 뜻입니다. 눈에 보이지 않는 그 사람의 아픔이나 고통까지 더 자세히 살펴보아야 그를 돌보는 것이 됩니다.

내가 돌보아야 하는 사람들에 대한 나 자신의 태도를 생각해 봅니다. 눈앞에 보이는 것만을 살펴주고는 내가 할 ⑦도리를 다했다고 말하지는 않았는지. 앞으로 아이들과 학생들을 정말 잘 돌보아야 하겠습니다.

① 합성어 合成語
② 어근 語根(単語の意味の基本となる部分で、それ以上分解不可能な最小の単位)
③ 비통사적 합성법 非統語的合成法(単語同士が結合されるとき句を形成するときと同じ方式をとらずに結合されること)
④ 어미 語尾
⑤ 노려보다 (鋭い目つきで)にらむ
⑥ 과수원 果樹園
⑦ 도리를 다하다 道理を尽くす

53.
귀(貴)찮다 : 面倒くさい
귀하지 않게 생각하는 것　貴くないと思うこと

　귀찮다는 '귀하지 않다'가 줄어든 말입니다. 우리는 어떤 일을 할 때 자기에게 소중하거나 급한 일이 아니면 귀찮음을 표시하게 됩니다. 나는 물이 마시고 싶지 않은데 누군가가 물을 가져다 달라고 시키면 귀찮습니다. 내가 가고 싶지 않은 곳에 어쩔 수 없이 가게 되는 경우에 귀찮습니다. 정말 하고 싶지 않은 일을 우연한 상황에서 어쩔 수 없이 하게 되었을 때 우리는 귀찮은 일에 ①말려들었다고 합니다.

　가끔은 밥 먹기 귀찮을 때가 있습니다. 그 때 부모님은 '네가 배가 덜 고파서 그런다.'라고 말씀하십니다. 정답이죠. 배가 정말 고프면 절실해집니다. 가까운 거리를 움직이는 것이 귀찮다가도 다리가 아파서 입원이라도 하게 되면 움직임의 귀함을 알게 됩니다.

　'귀찮다'라는 생각이 들 때마다 이 일이 정말로 귀하지 않은 것인지 생각해보아야 합니다. 실제로는 너무 소중한 것일 수 있습니다. 그때 하지 않아서 후회할 수도 있습니다. 가족이나 자식이 귀찮다고 하는 사람도 있습니다. 하지만 그건 정말 귀함을 몰라서 그러는 것입니다. 그들이 없다고 생각해보면 얼마나 위험한 말인지 알 수 있을 겁니다.

　특히 내게 도움을 요청한 이의 부탁에 대해서는 귀찮게 생각하지 말아야 할 겁니다. 내가 조금만 수고하면 그에게는 큰 도움이 되는 경우가 있습니다. 나는 조금 귀찮을 수 있지만 그 사람에게는 큰 힘이 되는 것입니다. 그것이 무거운 물건을 함께 들어 주는 것일 수도 있고, 글을 읽고 의견을 말해 주기만 해도 되는 것일 수도 있을 겁니다. 귀찮게 생각하지 않는다면 돌아서는 그 사람의 ②환한 미소를 보게 될 것입니다.

---

① 말려들다　巻き込まれる　　② 환한 미소　明るい笑み

54.
재수(財數) 없다 : ついてない、運が悪い
'재수 있다'에 ①밀려나야 될 말　「ついている」に取って代わられる言葉

'그 사람을 보면 왠지 재수가 좋지 않다.'라는 말은 사람을 기분 나쁘게 하는 말 중의 하나입니다. 사람에 대한 편견이 그대로 드러나는 말이기 때문입니다. 농담이라도 재수 없다는 말은 사용하지 않아야 하겠습니다.

　사람을 보고 '재수 없다.'라고 하기도 하고, '재수 없게 생겼다.'라는 말을 하기도 합니다. 재수 없게 생겼다는 말에는 선입견과 편견이 붙어 있습니다. 나이 마흔이 넘으면 자신의 얼굴에 책임을 져야 한다는 말이 있습니다. 나는 이 말이 맞다고 생각합니다. 우리 모두의 얼굴에는 자신의 지나온 모습이 담겨 있기도 합니다. 그렇기에 착하게 산 사람이나 웃음이 많은 사람들의 얼굴에서 더욱 진한 따뜻함을 느낄 수 있는 것이겠지요.

　그런데 어린아이들끼리 또는 어린아이한테 이런 말을 하는 것은 정말 가슴 아픈 일입니다. ②화법 수업 중에 아나운서를 꿈꾸는 한 여학생으로부터 "저는 어릴 때부터 재수 없게 생겼다는 말을 많이 들었지만, 사실 저는 따뜻해요."라는 자기소개를 들은 적이 있습니다. 그 말을 곰곰이 생각해보고 눈물을 흘린 적이 있었습니다. 자신을 둘러싼 편견을 아무 잘못 없이 겪어야 하는 아이의 모습에 마음이 아팠습니다.

　더 이상 사람들의 외모를 보고, 사람들을 아프게 하는 말을 하지 않기 바랍니다. 특히 아이들에게는 깊은 상처가 될 수도 있고, 미래의 꿈을 포기하게 만들 수도 있습니다.

① 밀려나다　押し出される　　　② 화법　話法、話し方

55.
식상(食傷)하다 : 飽きる
'익숙해지다'의 다른 말　「慣れる」の言い換え

　같은 음식이나 사물에 ①싫증이 나는 것을 의미합니다. 처음에는 너무 맛있었던 음식도 여러 번 먹다보면 ②질리게 되죠. 작가가 문장을 쓰는 경우에도 비슷한 표현이 계속 나타나게 되면 식상하다고 말할 수 있습니다. 사람도 식상해지는 경우가 있습니다. 처음에는 그 아름다움에, 겉모습에 넋이 나갈 정도였다가도 조금 지나면 특별한 느낌이 없어지는 경우도 많습니다. '사랑이 식었다'라는 표현도 아마 '식상해졌다'의 다른 표현일 것입니다.

　'식상하다'와 비슷한 의미의 단어이지만 전혀 느낌이 다른 말이 있습니다. 바로 '익숙하다'입니다. 처음에는 ③낯설게 느껴졌던 일들, 잘하지 못 했던 일들이 시간이 지나면서 익숙해지게 됩니다. 또 음식이나 사람도 처음에는 ④적응이 안 되다가 점점 자연스럽게 느껴지는 경우가 있습니다.

　사람을 만나는 것은 익숙해져야 하는 것이라고 생각합니다. 만남이 식상해지는 것은 좋지 않은 일입니다. 식상해지지 않기 위해서 보이는 사람 개개인도 노력해야 할 것이고, 보는 사람 개개인도 노력해야 할 겁니다. 매일 새로운 점을 발견하려고 할 때, 식상함은 사라질 것입니다. 사람을 만날 때 항상 처음 만나는 사람처럼 대하라는 말은 새롭게 보라는 말을 강조한 것이라고 생각합니다.

　또한 새롭게 보이지 않는 부분은 그냥 익숙해져 가는 과정으로 받아들인다면, 식상하다는 생각이 들지 않을 것입니다. 된장찌개처럼, 김치처럼, 밥처럼 사람의 관계가 익숙해지기 바랍니다. 오래되어도 내 몸에 가장 잘 어울리는 음식처럼, 없어서는 안 되는 음식처럼, 사람들의 관계가 자연스러워지기 바랍니다. 특히 사랑하는 사람들은.

① 싫증이 나다　嫌気がさす
② 질리다　飽きる
③ 낯설다　見慣れない、不慣れだ
④ 적응　適応

56.
한심(寒心)하다 : 情けない
심장이 차가운 사람　心臓が冷たい人

　우리는 '한심한 놈'이라는 욕을 하곤 합니다. 한심하다는 말을 들으면 무척 기분이 나빠집니다. 하지만 '한심하다'의 의미에 대해서는 별로 관심이 없었던 것 같습니다. '한심하다'라는 말은 심장이 차갑다는 뜻입니다.

　심장이 차갑다는 말이 왜 한심하다는 뜻이 되었을까 생각해본 적이 있습니다. 우리는 어떤 일을 앞두고 가슴이 뜨겁다는 말을 합니다. 가슴이 ①벅차오른다고도 하는데, 이 때 가슴이 뜨거워지게 됩니다. 긴장으로 가슴이 두근거리고, 심장의 ②박동 소리가 높아지고, 자연스럽게 심장이 뜨거워지는 것입니다. 그래서 우리는 심장이 뜨거워지는 것을 '열심'이라고 하는 것입니다.(정민 외, 『살아있는 한자 교과서』) 열심히 공부하고 열심히 일을 하는 것은, 새로운 일과 꿈꾸는 미래 앞에서 심장이 뜨거워지는 것입니다.

　그런데 어떤 일을 앞두고도 ③흥분되지 않고, 새로운 일에 대해서도 관심이 없다면 심장은 차가운 것입니다. 그것은 죽은 심장과 같습니다. 아름다운 것을 보면 기쁘고, 오랜만에 친구를 만나면 반가워야 할 겁니다. 아름다운 경치가 텔레비전에 나오면 가고 싶어 하고, 가려고 노력해야 할 겁니다. 그곳에 가면 감동으로 가슴이 뜨거워져야 하겠죠.

　미래를 향한 꿈은 심장으로 꾸는 것이라는 말도 있습니다. 머리로 꾸는 것도 아니고, 손과 발로 꾸는 것도 아닙니다. 가슴이 뜨거워야만 꿀 수 있는 꿈입니다. 열심히 하려는 자세가 있을 때만 꿀 수 있고, 이룰 수 있는 것입니다. 시인은 시를 가슴으로 쓴다고도 합니다. 머리로만 쓴다면 읽는 사람의 감정을 움직일 수 없을 것입니다. 가슴을 뜨겁게 할 때, 새로운 일에 열정이 생기게 될 것입니다.

　우리의 가슴이 뜨거워지기 바랍니다. 스스로의 심장을 돌아보고 묻습니다. 나의 가슴은 뜨거운가? 아니면 차가운가?

① 벅차오르다 (大きな感激や喜びで)胸がいっぱいになる
② 박동 鼓動、拍動
③ 흥분되다 興奮する

57.
시원하다 : 涼しい(すっきりする)
탁 트이게 만드는 느낌　すっきりさせる感じ

　'시원하다'는 말은 차가운 느낌을 의미하는 것이 아닌데, 우리는 차가운 것으로 오해하는 경향이 있는 것 같습니다. 할아버지가 목욕탕에서 ①열탕에 들어가면서 시원하다고 하니까 차가운 물인 줄 알고 따라 들어간 손자가 깜짝 놀라며 '믿을 놈 하나 없다.'라고 했다는 ②우스갯소리는, 사실 '시원하다'의 의미를 '차갑다'로 해석했기 때문입니다.
　우리는 시원하다는 말을 주로 날씨에 사용하는 것 같습니다. 특히 바람이 불어 몸도 마음도 ③탁 트이는 것을 느낄 때, 바람이 참 시원하다는 말을 하곤 합니다. 하지만 '속이 다 시원하다.'라는 말에서처럼 막혀 있던 일이 해결되었을 때도 우리는 시원하다고 합니다. 또한 뜨거운 음식을 먹을 때도 시원하다는 말을 하는데, 이 말 역시 차갑다는 것이 아니라 속이 탁 트이는 것 같다는 의미입니다. 노래를 '참 시원시원하게 부른다.'라는 말도 ④거침없이 노래를 부르는 모습을 일컫는 말입니다. 우리는 '시원시원하게 일을 한다.'라는 말도 하고, '시원스럽게 생겼다.'라는 말도 합니다. 모두 크고 막힘없는 모습들을 나타내는 말인 것입니다.
　'시원하다'라는 말은 한국인이 정말 좋아하는 단어입니다. 얼마나 좋아하는지를 잘 나타내는 표현이 바로 '시원치 않다'입니다. 시원치 않다고 할 때는 불만족스러움을 나타내는 것입니다. 뭔가 일이 남아있는 것 같고, 깨끗하게 끝나지 않았을 때 시원하지 않다고 하는 것입니다. '시원치 않은 놈'이라는 말은 심한 욕이 됩니다. 뭔가 모자란다는 의미가 되기 때문입니다.
　모든 일들이 시원하게 이루어져서 모두의 속이 시원해지기 바랍니다.

① 열탕　熱いお風呂、熱湯
② 우스갯소리　笑い話
③ 탁 트이다　すっきりとする、(視界や場所が) 開けた
④ 거침없이　はばかりなく

58.
아내 : 妻
에너지, 활력소가 되는 사람　エネルギー、活力の素になる人

　아내의 어원을 설명하는 사람들은 가장 먼저 '안'이라는 단어를 생각합니다. 아내를 다른 말로 '안사람'이라고도 하니까, 이런 ①접근 방법은 논리적인 듯합니다. 하지만 안에 있는 사람이라서 아내라고 한다는 것은 여성의 역할을 너무 ②한정적으로 생각한 결과가 아닌가 합니다.

　어떤 학자들은 '안에 있는 해'라고 해석하여 '안해'에서 아내로 바뀌었다고 설명합니다. 이런 의견은 좋은 의미로 아내를 보려고 하는 생각에서 출발한 것 같습니다. 그런데 아이를 '아해'라고 했던 ③중세 한국어의 단어에도 '해'를 연관시킬 수 있는지는 의문입니다. 왜냐하면 아이에 대한 ④존중이 없는 것을 안타깝게 생각한 ⑤방정환 선생이 아이들을 존중하는 의미로 '어린이'라는 단어를 사용했기 때문입니다. 하지만 아내를 '해'로 보려는 생각만은 아름답게 느껴집니다.

　아내는 한국어의 '언니, 아들' 등과 관련되어 사람이나 친족의 의미를 가지고 있는 단어입니다. 한국어의 많은 친족 이름이 모음으로 시작됩니다. (아저씨, 아주머니, 오빠, 아기, 아가씨, 아이, 우리, 어머니, 아버지 등) 아내와 관련한 단어로 '샤크티(shakti)'라는 ⑥산스크리트어가 있습니다. 이 단어는 '힘, ⑦역량, 에너지, ⑧재능, 가능성'이라는 뜻을 가집니다. 또한 동양 종교에서는 '⑨배우자로서의 남성 신의 에너지'를 의미하기도 합니다. 즉, 모든 아내는 남편의 '샤크티'라는 의미입니다. (조지프 캠벨, 『신화의 이미지』)

　'아내는 남편의 샤크티'라는 말은 우리가 잊어버린 아내의 역할이나 힘에 대해

① 접근　接近
② 한정적　限定的
③ 중세　中世
④ 존중　尊重
⑤ 방정환　韓国の児童文学作家
⑥ 산스크리트어　サンスクリット語
⑦ 역량　力量
⑧ 재능　才能
⑨ 배우자　配偶者

서 생각하게 합니다. 이것은 아내에게만 해당하는 의미는 아닐 것입니다. 남편도 마찬가지여야 할 겁니다. 배우자는 모두 서로의 샤크티가 되어야 할 것입니다. 나는 그에게 힘을 주는 존재인지, 나는 그의 가능성과 재능을 믿어주고 ⑩발휘하게 돕는 존재인지 생각해봐야 합니다. 나부터 그의 능력을 의심하고 한정지었던 것은 아닌지 생각해봅니다. 또한 그에게 힘이 되기는커녕 부담이 되는 것은 아닌지 반성해 봅니다. 내가 그의 에너지가 되고 활력소가 되었으면 좋겠습니다.

⑩ 발휘하다 発揮する

59.
온돌(溫突) : オンドル
등 따뜻한 게 좋은 것　背中が温かいのが良いこと

　온돌은 한자 '따뜻할 ①온'에 '굴뚝 돌'이 합쳐진 단어입니다. 따뜻한 기운이 방을 거쳐 굴뚝으로 나간다는 뜻입니다. 온돌은 우리 문화를 잘 보여줍니다. 한국어 중에서 만족이나 불만족에 해당하는 표현들을 보면 한국인에 대해서 더 잘 이해하게 됩니다. '재미없을 줄 알아'든지 '국물도 없다'는 말은 '재미'와 '국'을 좋아하는 한국인의 모습을 보여주고, '②시원치 않다'는 말에서는 시원한 것을 좋아하는 한국인을 볼 수 있습니다.

　한국 사람들은 삶에 만족할 때, '배부르고 등 따뜻하다'고 합니다. 외국인들은 배부른 것을 알겠는데 '등 따뜻하다'는 무슨 의미인지 모르겠다고 말합니다. 온돌을 쓰지 않는 사람이 등 따뜻할 때의 편안함과 만족감을 이해하기는 어려울 겁니다.

　예전에 우리는 ③아랫목에 모여 이야기를 나누었습니다. 저녁을 먹고 따뜻한 바닥에 누워서 ④스르르 잠이 들 때면 세상에 부러운 것이 없었습니다. 온돌은 한국인의 ⑤독특한 문화입니다. 온돌 문화 때문에 ⑥양반다리를 하고 앉는 문화도 생기게 되었습니다. 바닥이 따뜻하니 당연히 몸의 넓은 부분을 바닥에 대고 싶었던 것이겠지요.

　나는 침대가 들어오면서 온돌 문화도 사라질 것이라고 ⑦추측했습니다. 바닥이 따뜻할 이유가 없어졌기 때문입니다. 그러나 그 예상은 완전히 빗나갔습니다. 외국 사람에게는 정말 신기하다는 '돌침대, 흙침대'로 침대 자체를 바꾸기까지 했습니다.

① 온(溫)　온하다(温かい)の語根
② 시원치 않다　ぱっとしない
③ 아랫목　オンドルの焚き口の近く
④ 스르르　するりと、(眠気がさして)うつら うつらと
⑤ 독특하다　独特だ
⑥ 양반다리　あぐら
⑦ 추측하다　推測する、推し量る

소파가 있는데도 거실 바닥에 앉아서 차를 마시는 경우가 많습니다. 소파를 ⑧팔걸이로 사용하거나 ⑨간이침대로 사용하는 집도 많습니다. 소파보다는 바닥이 편한 것입니다. 식탁이 있으면서 거실에 상을 차리는 경우도 많습니다. 식탁 앞에 앉을 때 의자에 양반다리를 하고 앉는 경우도 있습니다.

최근에는 다른 나라에서도 온돌을 깔고 있다고 합니다. 이제 온돌은 한국인만의 문화가 아니라 세계인의 삶의 방식으로 조금씩 퍼져가고 있습니다.

⑧ 팔걸이　ひじかけ、腕を置く場所　　　⑨ 간이침대　簡易ベッド

60.
입찬소리 : 差し出がましい言葉
내게 되돌아오는 무서운 말　自分に返ってくる怖い言葉

　말에는 ①주술적인 힘이 있습니다. 한국어에는 말에 대한 속담들이 많습니다. '②아 다르고 어 다르다.', '③말 한 마디로 천 냥 빚을 갚는다.', '④말이 씨가 된다.' 등이 그것입니다.

　그 중에서 '말이 씨가 된다'는 속담은 말의 힘을 잘 보여줍니다. 우리는 ⑤불길한 이야기는 입 밖으로 꺼내려고 하지 않습니다. 입 밖에 내놓는 순간부터 말은 살아서 돌아다니며 그 의미를 이루려 한다고 믿었던 듯합니다.

　말을 입 밖으로 내놓을 때도 따뜻하게 내놓아야 합니다. 따뜻한 말 한 마디는 위안이 되고 삶에 희망을 주는 끈이 됩니다. 그래서 입 밖으로 나온 말이 따뜻하지 않고 차갑다면, 그것은 말이 아니라 '소리'가 되는 것입니다. 상대방을 함부로 평가하는 것을 가리키는 '⑤입찬소리'는 그런 점에서 깨달음을 줍니다. 보통 성격이 차갑다든가 눈빛이 차갑다든가 하는 말들은 다 사람 사이의 정과는 관련이 없는 표현들입니다.

　입찬소리는 단순히 상대방만 기분 나쁘게 하는 것이 아닙니다. 옛 어른들이 입찬소리 하지 말라고 하는 것은 언제든지 그 말이 그대로 내게 돌아올 수 있다는 것을 경계하기 때문입니다. 그런 의미에서 입찬소리는 ⑥금기시되는 언어 행위라 할 수 있을 것입니다. 특히 남의 아이에게 하는 말이 입찬소리가 되는 경우가 많은데, 사람을 평가하는 것을 얼마나 주의해야 하는지를 보여주는 것이라 할 수 있습니다.

　남의 아이에게 입찬소리를 자주 하면, 후에 자신의 자식이 그런 행동을 할 때 얼굴을 들지 못하게 됩니다. "자식을 왜 저렇게 교육시켰을까"라고 입찬소리를 하는 경우가 많은데, 나중에 아이를 길러보면 크게 후회하는 경우가 많습니다.

　'입 따뜻한 소리'라는 것은 없지만, 따뜻한 말은 자주 할 필요가 있을 것입니다. 남을 쉽게 평가하지 말고 칭찬해 주고 격려해 줄 필요가 있는 것입니다. 언어에는 ⑦마력이 있습니다. 말한 대로 이루어질 수 있습니다.

① 주술적 呪術的
② 아 다르고 어 다르다
　(諺)あと言って違い、おと言って違う
　≒ものは言いよう
③ 말 한 마디로 천 냥 빚을 갚는다
　(諺)一言の言葉で千両の借金も返す(世渡り
　のためには話術が必要)
④ 말이 씨가 된다
　(諺)言葉が種になる(言ったことが本当にな
　ること、嘘から出た実)
⑤ 불길하다　不吉だ
⑤ 입찬소리　大口をたたく、自分の立場をわき
　まえず決めつけて話すこと
⑥ 금기시되다　タブー視される
⑦ 마력　魔力

61.
눈에 밟히다 : 目に焼きつく
두고 온 아린 기억   心残りで胸が痛む記憶

   눈으로 하는 행위는 뜨는 것과 감는 것, 그리고 보는 것입니다. 눈을 뜨는 것은 잠에서 깬다는 의미이고 새로운 세상을 만난다는 의미입니다. '이제 눈이 뜨이기 시작했다.'라는 말은 진정한 모습을 발견하게 되었다는 의미도 됩니다.

   눈을 감는다는 말은 눈을 뜨고 있다는 사실을 ①전제로 이루어지는 행위입니다. '눈을 감았다'는 말은 더 이상 보지 않는다는 의미이기 때문에 무시했다는 의미도 될 수 있고 용서했다는 의미도 되는 것입니다. 모든 것을 자세히 보고 있는 상황에서는 용서하기 어려울 것입니다.

   눈이 스르르 감기는 것은 밀려오는 졸음 때문이겠죠. 하지만 잠시 눈을 감고 있는 것은 내 눈앞의 ②광경과 나를 단절시켜 생각을 깊게 하거나 생각을 비우는 것이 됩니다. 이 세상을 더 이상 못 보게 되거나 깊은 잠에 들게 될 때 '눈을 감는다, 눈을 감았다'는 말을 하게 됩니다. '죽음'이라는 말을 하기 힘든 사람들에게 '눈을 감는다'는 표현은 깊이 잠드는 것 같아 좀 편안할 것 같습니다.

   눈은 걸어 다닐 수 없습니다. 보는 ③기관이지 돌아다니는 기관이 아닙니다. 그럼에도 우리는 '눈길'이라는 표현을 씁니다. '눈이 다니는 길'이 되는 겁니다. 눈은 그 길로 다니면서 마음에 드는 것이 있으면 머물기도 합니다. '④눈길이 머문다'는 말도 거기에서 나온 말이지요.

   어떤 곳을 떠나 왔는데도 계속해서 생각은 그곳에서 떠나지 못할 때, 우리는 '눈에 밟힌다'는 표현을 합니다. 눈이 발이 아닌데도 밟힌다고 표현하는 것은 모습을 시각이 아니라 ⑤촉각으로 느끼는 것 같아서 마음이 아픕니다. 두고 온 자식이

---

① 전제 前提
② 광경 光景
③ 기관 器官
④ 눈길이 머물다 目がとまる
⑤ 촉각 触覚

⑥눈에 밟히기도 하고, 부모님을 찾아뵙고 떠나면서 눈에 밟힌다고도 합니다. 시각을 촉각으로 바꾼 표현이 마음을 아프게 합니다.

앞으로도 아쉬운 일도 많고, 안타까운 일도 많을 것입니다. 어떤 일은 ⑦눈에 선하고, 어떤 장면은 자꾸 눈에 밟힐 것입니다. 점점 기쁜 그리움이 많아지기 바랍니다.

---

⑥ 눈에 밟히다 (忘れられず)目にありありと浮かぶ   ⑦ 눈에 선하다 鮮やかに目に浮かぶ

62.
마음을 놓다 : 安心する
내 집착을 버리는 것　自分の執着を捨てること

　우리에게는 몸이 중요한가요, 마음이 중요한가요? 아마도 모든 것이 ①마음먹기에 달렸다는 생각과 함께 '마음'의 중요성을 이야기할 겁니다. 그러나 단순히 언어의 관점에서 본다면 '몸'이 더 중요하다고 할 수 있습니다. 한국어의 '몸과 마음'이라는 표현에서 '몸'이 앞에 쓰이는 것에서도 '몸'을 중요하게 생각하는 태도가 나타납니다. 한자에서는 ②심신이라고 합니다.

　하지만 '몸과 마음(맘)'이라는 단어가 모음만 다를 뿐 형태가 비슷한 것은 서로가 서로를 떠나서 존재할 수 없음을 나타내는 것이 아닌가 합니다. 몸을 떠나서 마음이 존재할 수 없고, 마음이 떠나간 몸은 그저 죽은 것에 지나지 않습니다. 한국어에는 마음과 관련된 표현이 다양한데, 이러한 표현들은 '마음'에 대한 한국인의 태도를 보여주고 있습니다.

　마음은 우리 신체에서 심장이라고 할 수 있습니다. 그래서 우리는 마음이 아픈 것을 '가슴이 아프다'고 합니다. 실제로 ③심장이 터질 듯 답답함과 고통을 느끼기도 합니다. 이런 경우에 '마음이 좋지 않다'고도 합니다. 병이 드는 것입니다. 무엇에 대해 관심이 생긴 것을 '④마음에 둔다'고 하는데, 이는 관심 있는 것을 가지고 와서 그곳에 두었다는 뜻이 됩니다. 그리고 그것을 좋아하게 되면 '마음에 들었다'고 표현하는 것입니다. 내 마음에 들어왔다는 의미가 되는 것입니다.

　어떤 것 때문에 마음이 불편하고 걱정이 되는 것을 '⑤마음이 쓰인다'고 합니다. 마음을 지나치게 쓰면 욕심이 되고 집착이 되는 것입니다. 이렇게 더러워진 마음은 비워내야 합니다. 그래야 욕심이 사라집니다. 하지만 '⑥마음을 비운다'는 것은

---

① 마음먹기에 달리다　気の持ち方ひとつだ
② 심신　心身
③ 심장이 터질 듯　心臓が破裂するようだ
④ 마음에 두다　気に留める
⑤ 마음이 쓰이다　気にかかる
⑥ 마음을 비우다　心を空にする

쉬운 일이 아닙니다. 어쩌면 불가능한 것일 수도 있습니다. 차라리 마음을 억지로 붙잡지 말고 놓아 버리는 것은 어떨까 하는 생각을 해 봅니다. 그래야 마음이 놓이는 것이고, 마음을 놓게 되는 것입니다.

한국어에서 '마음을 놓는 것'만큼 편안한 느낌의 표현이 있나 싶습니다. 무슨 일이든지 '마음 놓고' 하는 것만큼 즐거운 일이 있을까 싶습니다. 내 마음속에 붙잡고 있는 것은 무엇인가 들여다봅니다. 놓아 버려야겠습니다.

63.
국물도 없다 : 汁もない(何もない)
국물도 우리에게 중요한 문화　汁も私達にとって重要な文化

'①국물도 없을 줄 알아.'라는 말은 큰 ②협박입니다. 탕이나 국에서 ③건더기는 고사하고 국물도 주지 않겠다는 말이니, 돌아가는 이득이 전혀 없다는 의미가 되는 것입니다. '국물도 없다.'라는 말도 아무런 ④혜택을 받지 못한다는 의미입니다. 그런데 이렇게 국물이라는 단어가 ⑤이득의 의미가 되는 것이 흥미롭습니다.

한국어에서 재미있는 말 중의 하나가 '국물도 없다.'라는 말입니다. 한국 음식문화의 특징은 '국' 문화라고 할 수 있습니다. 한국은 국, 탕, 찌개가 다양하게 발달했습니다. 서양의 수프(soup) 문화와는 다르다고 할 수 있습니다.

우리는 매일 콩나물국, 시금칫국, 된장국, 뭇국, 고깃국 등을 먹으며, 종종 해장국이나 ⑥북엇국이 필요한 날도 있고, 생일이면 미역국을, 추석이면 ⑦토란국을, 설날이면 떡국이나 만둣국을 먹습니다. 국 없는 한국인은 정말 상상하기 어렵습니다. 전통적인 밥상에는 밥과 함께 국이 올라옵니다. 밥과 국을 놓는 순서가 중요한 것도 국이 필수적이기 때문입니다. ⑧제사상에서도 국은 중요한 역할을 합니다.

갈비탕, 설렁탕, 감자탕, 매운탕 등 한국인이 자주 먹는 탕의 종류도 많은데, 여기에 있는 물도 '탕물'이 아닌 '국물'이라고 합니다. 김치찌개, 된장찌개, 동태찌개, 부대찌개, 섞어찌개 등 우리가 자주 먹는 찌개들에도 국물이 있습니다. 우리는 '찌개물'이 아니라 '국물'이 ⑨얼큰하다는 말을 하곤 합니다.

이렇게 국이 발달했기 때문에 한국인의 특징적인 문화라고 할 수 있는 '숟가락' 문화도 발달하게 된 것입니다. 한국인은 ⑩밥을 국에 말아 먹는 경우가 많아 숟가

① 국물도 없을 줄 알아 何もないと思え
② 협박 脅し、脅迫
③ 건더기는 고사하고 汁の具はおろか
④ 혜택 恵み、恩恵
⑤ 이득 利得、利益
⑥ 북엇국(북어 + ㅅ + 국) 干しスケトウダラスープ
⑦ 토란 里芋
⑧ 제사상 祭祀のとき祖先に捧げるため食べ物をのせた膳
⑨ 얼큰하다 ピリ辛い
⑩ 밥을 국에 말아 먹다 汁にご飯を入れて食べる

락 없이 식사하기가 어렵습니다. 일본이나 중국의 경우에는 오히려 밥에 국을 덜어 먹습니다. 이런 경우에는 젓가락으로 식사하는 것도 가능합니다. 하지만 국에 밥을 말면 아무리 밥그릇을 들고 식사한다고 해도 젓가락으로 식사하기는 거의 불가능합니다.

국은 서양식에서 식사 전에 잠깐 등장하는 수프와는 다릅니다. 양식을 먹을 때 당황스러운 것 중의 하나가 수프를 먹은 후 숟가락을 가져가는 것인데, 이는 한국인은 숟가락이 언젠가 다시 쓰일 거라 생각하기 때문입니다. 건더기가 없더라도 한국인은 국을 먹고 싶어 합니다. 국물이라도 우리에게는 중요한 것입니다. '국물도 없다'는 말에는 한국 문화가 담겨 있습니다.

64.
스트레스(stress) : ストレス
받는 것보다는 주는 것을 생각해야 하는 것　受けるより与えることを考えるべきこと

　사전에 따르면 스트레스는 '적응하기 어려운 정신적, 육체적 자극이 ①<u>가해졌을</u> 때 그 ②<u>생체</u>가 나타내는 반응'이라고 합니다. 스트레스와 같이 쓰이는 말에는 '쌓이다', '받다' 등이 있는데 모두 스트레스에 대해 사람을 ③<u>수동적</u>으로 생각하는 듯합니다. 즉, 남에게 받은 스트레스가 내 속에 쌓인다는 것입니다. '스트레스를 해소하다'라는 표현도 있는데 이것도 내게 주어진 ④<u>압박감을 풀어낸다</u>는 의미가 됩니다.
　⑤<u>내셔널 지오그래픽</u> 방송을 보는데 인간과 비슷한 ⑥<u>습성</u>을 가진 ⑦<u>개코원숭이</u>는 상대방에게 스트레스를 주기 위해서 하루에 약 9시간을 ⑧<u>낭비한다</u>는 이야기가 나왔습니다. 그러면서 덧붙이는 말이 인간도 이와 다르지 않다는 것이었습니다. 이 이야기를 보면서 스트레스를 주는 사람이 '나'일 수도 있다는 것을 ⑨<u>새삼</u> 생각하게 되었습니다. 하루 중 많은 시간을 다른 사람에게 스트레스를 주기 위해서 애쓰는 것은 아닌지, 내가 받는 스트레스에 대해서는 생각하면서 내가 주는 스트레스는 전혀 생각하지 못하는 것은 아닌지 답답하였습니다. 9시간을 '낭비'하였다는 말이 계속해서 ⑩<u>귓가</u>에 남습니다. 시간을 ⑪<u>투자</u>할 만한 가치가 없는 일이기에 낭비라고 했을 것입니다.
　다른 이에게 스트레스를 주면서 ⑫<u>공정함</u>이나 객관성을 이야기하지는 않는지, 다 그를 잘되게 하려는 교육이라고 생각하는 것은 아닌지 하는 생각이 들었습니다

---

① 가해지다　(力が)かかる、加わる
② 생체　生体
③ 수동적　受動的、受け身
④ 압박감을 풀어내다　圧迫感を解く
⑤ 내셔널 지오그래픽　ナショナルジオグラフィック(ドキュメンタリー番組を放送している専門番組)
⑥ 습성　習性
⑦ 개코원숭이　ヒヒ
⑧ 낭비하다　浪費する
⑨ 새삼　今更ながら、改めて
⑩ 귓가　耳元
⑪ 투자　投資
⑫ 공정함　公正さ

다. 또한 내가 받은 스트레스를 해소하기 위해서는 여행도 가고 운동도 하면서, 누군가 내게 받았을 스트레스를 해소해 주기 위해서는 어떤 고민을 하는지 생각해 봐야 합니다.

스트레스를 해소하는 방법으로 '행동이나 말을 반복하는 것'이 있다고 합니다. 그래서 종교들에서는 끊임없이 절을 하고, ⑬탑을 돌고, 노래를 부르는 것일지도 모른다는 생각이 들었습니다. 같은 말을 계속해서 ⑭암송하거나 신의 이름을 말하는 것도 신에 대한 ⑮경배뿐만이 아니라 자신의 스트레스를 푸는 효과와 마음을 가라앉히는 효과가 있을 것이라는 생각이 듭니다. 스포츠 경기를 응원하면서 스트레스가 풀리는 것에는 이러한 반복의 효과가 있을 것입니다. ⑯응원구호나 동작의 반복이 집단적인 스트레스 해소로 이어지는 것이겠지요. 종교가 없는 사람도 평상시에 이렇게 어떤 행동이나 말을 반복함으로써 쌓여있는 감정을 풀어 버릴 수 있을 것입니다.

단지 의미 없는 반복이 아니라 의미 있는 반복이 되도록 행동과 말의 내용을 고르는 노력도 필요할 것입니다. 자신이 마음속에 새기는 말이나 남에게도 기쁨이 될 수 있는 말을 반복하는 것도 좋을 것입니다. 행복, 평화, 사랑, 용서, 미소, 아버지, 어머니, 아이들······. 세상에는 좋은 단어들이 참 많습니다. 이러한 단어를 반복해서 말하는 습관을 가진다면 기쁨도 커지지 않을까 합니다. 다른 이에게 즐거움을 줄 수 있는 행동을 찾아 반복하면, 나와 다른 사람의 스트레스가 한꺼번에 사라지는 ⑰일석이조의 효과를 얻을 것입니다.

스트레스가 많은 시대입니다. 눈뜨면서부터 잠자리에 들 때까지, 때로는 꿈속에서까지 우리는 스트레스를 받으며 살아갑니다. 스트레스로 많은 병에 걸리기도 합니다. 스트레스를 주고받는 일에 시간을 낭비하지 않아야 하겠습니다. 사람이 계속 개코원숭이처럼 살 필요는 없지 않을까요?

---

⑬ 탑 塔、タワー
⑭ 암송 暗誦
⑮ 경배 敬拝、崇拝
⑯ 응원구호 応援のかけ声
⑰ 일석이조 一石二鳥

65.
소중(所重)하다 : 大切だ
마음속에 유일하게 남아 있는 것　心の中に唯一残っているもの

　'여러분에게 가장 소중한 것은 무엇인가?' 하고 질문한다면, 여러분은 뭐라고 대답하겠습니까? 가족이나 친구와 같이 '사람'을 이야기하는 경우도 있을 테고, ①사진첩이나 일기장과 같은 개인의 ②추억이나 비밀을 이야기하는 경우도 있을 것입니다. 또한 보석이나 귀중품처럼 비싼 '물건'을 이야기하는 경우도 있을 것입니다.
　내 경우에는 한 가지만 이야기하기는 어렵다고 대답할 듯합니다. 그리고 나와 비슷한 대답을 하는 사람도 많을 듯합니다. 나는 외국 학생들을 가르치면서 작문 시간에 '내게 가장 소중한 것'이라는 제목을 자주 주는 편입니다. 이런 제목을 주면 생각했던 것보다 재미있는 대답도 많고, 감동적인 이야기도 많이 나옵니다.
　한번은 한 베트남 학생에게 가장 소중한 것을 물었더니, '은 목걸이'라는 대답을 한 적이 있었습니다. 남학생이 굵은 은 목걸이를 하고 다녀서 늘 이상했기 때문에 ③귀를 기울여 이야기를 들었습니다. 은 목걸이가 소중한 이유는 여자 친구가 선물한 것이기 때문이라고 했습니다. 여기까지는 예상한 이야기였습니다. 그러나 그 이후의 이야기는 내 예상을 너무나도 벗어난 것이었습니다. 그 여자 친구와는 고등학교 때 만났다고 합니다. 둘이 같은 대학을 가기로 약속하고 받은 선물이 바로 그 은 목걸이라고 했습니다. 둘은 열심히 공부를 했고 드디어 원하는 대학에 합격하였답니다. 그리고 고등학교 졸업식 날, 모두 ④들떠 있었지만 그 여자 친구는 나타나지 않았습니다. 졸업식장에 오던 길에 교통사고가 나서 그만 ⑤세상을 떠난 것이었습니다. 그 후 그 학생은 혼자 대학을 다녔고, 한국에 유학을 오게 되었답니다. 그리고 항상 그의 목에는 은 목걸이가 걸려 있었습니다. 그녀와 함께 공부하겠다는 약속을 지키고 있는 것입니다.

① 사진첩　写真のアルバム
② 추억　思い出, 追憶
③ 귀를 기울이다　耳を傾ける
④ 들뜨다　浮かれる
⑤ 세상을 떠나다　この世を去る

네덜란드에서 온 한 여학생은 '노란 운동화'라고 대답했습니다. 노란 운동화? 나는 대답을 듣자마자 아주 작고 귀여운 노란 운동화를 떠올렸는데요, 이런 내 생각은 맞았습니다. 그녀는 그 노란 운동화를 항상 책상 앞에 둔다고 합니다. 그것은 세 살 때 신었던 자신의 신발이라고 합니다. 누가 선물한 것인지는 잘 모른다고 했습니다. 누가 주었는지도 모르면서 노란 운동화가 왜 그렇게 소중하냐고 물었더니, 그녀가 네덜란드에 갈 때 가지고 있던 것 중에서 유일하게 남아 있는 것이라고 말했습니다. 그때 신고 간 신발이라는 것입니다. 그녀는 세 살 때 한국에서 네덜란드로 ⑥입양되어 간 것이었습니다. 그녀는 한국에 대해 전혀 기억나는 것이 없다고 합니다. 단지 그 노란 운동화가 ⑦자신의 뿌리를 이어 주는 하나의 끈이라는 생각 때문에 항상 책상 앞에 놓아두고 본다는 것이었습니다.

  종종 나에게 한국어 수업 시간은 한국어만 배우는 학습의 현장이 아니라 다양한 인생의 현장이기도 합니다. 작문 시간을 통해 나는 많은 외국 친구들의 삶을 만났습니다. 아직도 그 베트남 학생의 목에는 은 목걸이가 걸려 있을 것입니다. 그리고 네덜란드 학생의 책상에는 노란 운동화가 놓여 있을 것입니다. 전보다 더 뚜렷해진 뿌리의 기억과 함께.

  내게 가장 소중한 것은 좋은 학생과 수업 시간에 나누었던 많은 이야기일 것이라는 생각이 듭니다. 좋은 학생을 만나는 것도 선생에게는 큰 복입니다.

---

⑥ 입양되다 養子になる　　　⑦ 자신의 뿌리 自分のルーツ

著者
趙顕龍（チョ・ヒョニョン）

日本語翻訳
川上洋子
慶熙大学教育大学院外国語としての韓国語教育専攻修了、教育学修士。慶熙大学一般大学院国語国文学科博士課程単位取得退学。韓国の著書に『韓国語の発音征服（共著）』（夏雨出版、2016年）。

貝森時子
慶熙大学教育大学院外国語としての韓国語教育専攻修了、教育学修士。慶熙大学一般大学院国語国文学科博士課程単位取得退学。著書に『今すぐ書ける韓国語レター・Eメール表現集（共著）』（語研、2013年）など。訳書に『韓国語能力試験レベル別完全攻略初級編／中級編／高級編（共訳）』（アルク、2012年）など。

趙顕龍教授の 韓国語で世の中を読む

2016年 7月 20日 初版第一刷発行
2017年 11月 1日 初版第二刷発行

著者　趙顕龍

発行者　佐藤今朝夫
発行所　株式会社 国書刊行会
〒174-0056 東京都板橋区志村 1-13-15
TEL. 03(5970)7421　FAX. 03(5970)7427
http://www.kokusho.co.jp

製作：ハングルパーク　http://www.sisabooks.com
ISBN 978-4-336-06072-3

Copyright©2016 ハングルパーク

落丁本・乱丁本はお取り替えいたします。